Mannheim Kurfürstliche deutsche Gesellschaft

Schriften der kurfürstlichen deutschen Gesellschaft in Mannheim

Mannheim Kurfürstliche deutsche Gesellschaft

Schriften der kurfürstlichen deutschen Gesellschaft in Mannheim

ISBN/EAN: 9783743478282

Hergestellt in Europa, USA, Kanada, Australien, Japan

Cover: Foto ©Suzi / pixelio.de

Weitere Bücher finden Sie auf **www.hansebooks.com**

Schriften

der

Kurfürstlichen

deutschen Gesellschaft

in

Mannheim.

Dritter Band.

Mannheim
1787.

Innhalt.

Welches sind

die

Veränderungen und Epochen

der

deutschen Hauptsprache

seit Karl dem Grossen?

und was hat sie in jeder derselben an Stärke und
Ausdruk gewonnen oder verloren?

Eine gekrönte Preisschrift

von

Herrn Wilhelm Petersen,

Herzoglich Würtenbergischen Unterbibliothekar in
Stuttgardt.

A

Einleitung.

Sprache eines Volks ist der Inbegriff aller hörbaren Ausdrücke seiner Vorstellungen und Gefühle; und geht also im Ganzen genommen mit dem Geiste desselben einen gleichen Gang. Da aber doch Bezeichnung und Darstellung der Begriffe und Empfindungen eine eigne

A 2   Ars

Art von Geistesäußerung ist, so muß sie ihre besondere Veränderungen haben, die mit den Veränderungen des gesammten Geistes einer Nation nicht immer genau zusammenfallen.

Wer also die Schiksale einer Sprache erforschen will, der schöpfe sie nicht allein aus der Geistesgeschichte des Volks; sondern er suche sie hauptsächlich in den Sprachdenkmälern selbst auf und belege seine Säze mit urkundlichen Zeugnissen; sonst werden sie, wie es die Erfahrung lehrt, sehr oft in dunkler Allgemeinheit schwanken.

Auf

Auf diesem Wege habe ich die Beant-
wortung folgender Frage gesucht:

Welches sind die Veränderungen und
Epochen der deutschen Hauptsprache
seit Karl dem Großen? und was hat
sie in jeder derselben an Stärke und
Ausdruck gewonnen oder verloren?
und lege sie hier der Prüfung der erleuch-
teten Kurfürstlichen deutschen Gesellschaft ehrerbietigst vor.

Beträchtliche Veränderungen hat die
deutsche Sprache von Karl dem Großen
an bis auf jetzige Zeiten mehrere erfahren; oft aber flossen verschiedene zusam-

A 3   men,

men, und so gaben ihr gemeinschaft-
lich ganze Zeiträume eine eigne neue
Gestalt. Dieser Hauptveränderungen,
deren Beginn eine Epoche oder Denkzeit
genannt wird, erdugneten sich, nach
meinem Ermessen, sieben, nach welchen
ich dann auch meine Abhandlung in 7
Abschnitte eintheile.

Erſter Zeitraum.
von Karl dem Groſſen
bis zur Mitte des 12ten Jahrhunderts.

„Die Deutſchen — ſagt ein ſcharfſinni-
„ger Schriftſteller [*]) — müſſen ungemein
„groſſe Revolutionen und beſondre Schickſale
„erfahren haben, ehe ſie in der römiſchen
„Geſchichte auftraten und man kan es aus
„mehrerern Umſtänden ſchlieſſen, daß ſie da-

A 3 „mals

-----

[*]) J. Chr. Krauſe Einleitung in die Geſchichte
des deutſchen Reichs S. 40.

„ mals ein von einer höhern Stuffe der Cul-
„ tur herabgesunkenes Volk gewesen sind: „
Einer der erheblichsten dieser Umstände scheint
mir ihre Sprache. Die ältesten Denkmäler
derselben, eigne meistens verschleierte Namen
von Völkern, Bergen, Strömen, Menschen
u. s. w. sind zwar zu einzel und zu mager,
um etwas beträchtliches daraus herleiten zu
können, aber Wulfila's Arbeit 2), deren Werth
und Wichtigkeit erst Fulda im ganzen Umfan-
ge darstellen wird, läßt vieles ahnden. Seine
Sprache, deren Nachbild der Kenner noch in
der heutigen schwäbischen findet, zeugt nicht
nur von Reichtum und Stärke, sondern auch
von Bildung und Regelmäsigkeit, wenn er
gleich

---

2) Schon einige Jahre ist seine neue berichtigte,
mit einer Sprachlehre und einem Wörterbuche
begleitete Ausgabe der Uebersetzung Wulfila's
vollendet: aber das Werk hat noch keinen
Verleger gefunden.

gleich bisweilen knechtisch aus dem Griechischen
übersetzt hat.

Wulfila hatte freilich keine ähnliche Nachfolger; doch hörte der öffentliche und schriftliche
Gebrauch unserer Sprache mit ihm nicht auf.
Die Ostgothen bedienten sich ihrer mitten in
Italien zu Verträgen und andern Urkunden ³);
bey allen deutschen Stämmen gab es, wo nicht
eigentliche Barden, doch Dichter und Sänger;
und wer hat bewiesen, daß nicht selbst das
Salische Gesetz auf deutschem Grund und Boden
und in deutscher Sprache ursprünglich verfaßt worden ⁴)?

In-

---

³) V. Monumentum vet. linguae Oſtropoth.
illuſtratum a Ioh. Ihre in novis Actis Soc.
Scient. Upſal. (1780 4.) Vol. 3. p. 2. ſeq.

⁴) Von den vielen Vertheidigern dieser Meinung
ist der neueste Fischer in der Litteratur des Ger-
manischen Rechts. §. 17.

Indeſſen wäre, ungeachtet der allmählich verbreiteten chriſtlichen Religion, der größte Theil Deutſchlands gewiß noch lange in Wildheit, und die Sprache, die keine gothiſche Pfleger mehr hatte, in Roheit geblieben; hätte nicht eine groſſe allgemeine Veränderung ſich eräugnet. Karl der Groſſe erhielt im J. 771. das geſamte fränkiſche Reich, brachte unſer Vaterland unter ein Oberhaupt, pflanzte und gründete den chriſtlichen Glauben, unternahm und vollführte zur Erhebung ſeines Reiches mit allſeitiger Thätigkeit größere und mehrere Dinge, als vielleicht in der ganzen Folgezeit verhältnißmäſig kein Alleinherrſcher. Mit ihm beginnt eine neue Denkzeit in jedem Theile deutſcher Geſchichte, und von ihm gehen auch wir, der Aufgabe gemäs, in unſerer Sprachgeſchichte aus.

Um

Um die Bemühungen und Verdienste Karls
in dieser Rücksicht würdiger und den Zustand
der Sprache überhaupt beurtheilen zu können,
muß man wissen, welche Antriebe zum Anbau
derselben in der Verfassung und im Geiste des
Zeitalters lagen. Ausser der Dichtkunst, wovon sich aber aus Mangel an Nachricht, nichts
genaues sagen läßt, waren es hauptsächlich
nur zwei:

1. Verständlichkeit der Gesetze. Höchst
warscheinlich wurden sie alle auch in deutscher
Sprache niedergeschrieben, wie hätten sie anders den unwissenden Laien bekannt werden
können? warum hätte man noch im J. 841.
eine Verordnung Lothars und Ludwigs, warum endlich noch in spätern Zeiten lateinische
Urkunden zugleich deutsch verfaßt? Mangel an
Kenntniß, die deutschen Töne in Buchstaben
aufzubewahren, kann man nicht einwenden.

Uebri-

Uebrigens ist von dieser uralten deutschen Ge-
setz- und Gerichtssprache nichts weiter zu uns
gekommen, als einige Benennungen in den sogenannten Malbergischen Glossen *).

2) **Ausbreitung des christlichen Glau-
bens.** Um dem Volke die ersten rohen Vorstellungen von Gott und dem Christentum beizu-
bringen, mußte die Geistlichkeit allerley Vorschriften deutsch aufsetzen. Verschiedene davon,
als das alte Allemannische Vater unser, die Ab-
renunciatio Diaboli, die Exhortatio ad plebem
chri-

---

*) J. G. v. Ekhart lieferte sie zuerst in Leges
Salicae a Ripuariae etc. Lipsiae 1720. fol.
Aber unentbehrlich hiebey sind des vortreflichen
I. G. Hoffmanni Observationes juris Ger-
manici. Vitembergae 1738. 8. denn dieser
hat gezeigt, wie gewagt und schief Ekharts
Herleitungen und Erklärungen sehr oft sind.

chriſtianam und einige andre Bruchſtücke ⁶), die alle Karl des Groſſen Zeit überſteigen, beſitzen wir noch. Daß unſere Sprache durch dieſe geringen Verſuche nur wenig gewonnen hat, lehrt das Anſchauen der Denkmäler und die Erfahrungen, welche die Geſchichte wilder und halbwilder Völker darbietet; allein man blieb auch hier nicht ſtehen. Man wagte ſich an ſchwerere Arbeiten, überſetzte zur Aufklärung der unwiſſenden Mönche Schriften verſchiedener Kirchenväter in das Deutſche; man ſchrieb endlich ſeine eigne Gedanken und Gefühle darin, es ſey nun aus Urkunde der lateiniſchen Sprache oder aus andern Urſachen. Beweiſe ſind folgende ehrwürdige Ueberbleibſel:

1. Eine

---

⁶) Sie ſtehen in Schilteri Theſ. Antiq. German.; Eckerti Francia Orient. T. I. c. II. zum Teil in andern bekannten Büchern.

1. Eine schwäbische Ueberſetzung einer theologiſchen Schrift von dem jüngern Iſidor, herausgegeben von Palthen, Schilter im Theſauro Antiq. Germ. Tom. I. und am richtigſten von Roſtgaard in der Däniſchen Bibliothek. Stük 2. Adelung ſetzt ſie in die andre Hälfte des 7. Jahrh. Fulda hingegen mit gröſſerem Rechte in das 8te.

2. Hero's eines Mönches von S. Gallen Verdeutſchung der Benedictinerregel 7) aus der erſten Hälfte des 8ten Jahrhunderts.

3. Ein Gebet von einem ungenannten vermutlich Weſſobrunniſchen Mönche 8). Seine neue

7) Im 1ten Th. des ſchilteriſchen Theſauri.

8) V. Monumenta Boica Vol. p. 377. Vorher ſchon hatte es Bernhard Pez ſeinem Theſ. Cen-

neueſten Herausgeber ſetzen die Handſchrift,
woraus es genommen worden, in das 8te
Jahrhundert. Als das älteſte bisher bekannte
Denkmal deutſcher Dichtkunſt verdient es hier
doppelt eine Stelle.

De Poeta * Kazungali.

Dat * Fregin ih mit firahim wizzo meista †

Dat ero ni was noh uf Himil, noh Baum
noh Bereg ni was ni noh heinig noh
Sunna ni ſcein, noh Mano ni liuhta.

Noh der Mare ſee †

Do dar niu uiht niu was entee in ventee †

Do was der eine almahtice Cot mano mil-
tiſte

Dar warum ouch Manake mit man coot lih
he Geiste

Cot

Cenedot. Tom. I. p. 1. col. 418. einverleibt. Meine Abſchrift iſt ganz genau gemacht.

Cot heilac, Cot almahtice, du Himil †

Erdo worahtos †

Du mannun ſo manac Coot for pifor gip
mir in dina Ganada rechta Galaupa †

Cotan willenn wiſtem enti ſpahi da †

Craft Tiuflun za widarſtantanne †

Are Zapi wiſanne

Dinan willeen za * uurchanne.

Wiewohl es nun einleuchtend iſt, daß jene
Ueberſetzung Iſidors der Wulfilaiſchen an Ge-
nauigkeit, Sprachgeſetzmäſigkeit und einer Art
Geſchliffenheit nachſtehet, daß Kero oft dumm-
knechtiſch ſein Latein überträgt z. B. wenn er
die Handwerker wegen dem Ausdruk Artifices
mit liſtarra. Sinnreich, klug giebt; ſo muß
man dennoch geſtehen, daß durch dieſe Verſuche eine Bahn gebrochen und ein beträcht-
licher Anfang zur Sprachbildung gemacht worden. Man bedenke nämlich, daß vor Karln die

Schrei-

Schreibkunst allein im Befiße der Geiftlichkeit
gewefen; denn nicht nur geringere Laien, felbft
Fürften, verachteten fie alß eine dem Jäger und
Krieger, wo nicht unanftändige, doch überflüf=
fige Kenntniß.

Karl der Groffe ftrebte, fein Volk auch
in Anfehung der Sprache weiter zu bringen.
Alß Verdienfte um fie rechnet man ihm an 9):

1. Einführung der Wind = und Monatna=
men. Unfre Vorfähren, fagt der Gefchicht=
fchreiber, hätten nur zu 4 Hauptwinden Na=
men gehabt, Karl aber habe noch acht Benen=

B   nun=

9) Vita Caroli M. cap. 29. in Bouquet Scr.
rer. Gallic. T. V. p. 100 Die nämliche Nach=
richten wiederholt Poeta Saxo de Geftis Ca=
roli M. Lib. V. ibid p. 182. fezt aber die
eingeführte Wind= und Monatnamen nicht bin
wie Eginhart.

nungen für die andre hinzugesetzt. So gering
dieses Verdienst ist, so muß es dennoch, nach
meiner Meinung, diesem Kaiser abgesprochen
werden: denn wie sollten die Seekundige Sach-
sen und Friesen keine eigne Namen für wenigstens 12 Winde gehabt haben? Eginhart zeigt
öfters Blösen. Was endlich die festgesetzte Mo-
natsnamen betrift, so war die Sache in der
That von geringem Belang. Sie drückten die
einem jeden Monde zufallende Verrichtung
aus, oder bezogen sich auf die Beschaffenheit
der Winde, der Jahrszeit u. s. w. waren also
sehr gute und bedeutungsvolle Benennungen [20]:
aber kann diese Einführung dem ungeachtet eine
erhebliche Sprachbereicherung heißen?

2. Eine teutsche Sprachlehre. Eginhart sagt
nur: Inchoavit & Grammaticam patrii ser-
monis.

---

[20] In der Bouquetischen ang. Ausgabe findet man
auch die verschiedene Lesarten.

monis. Der Sächsische Dichter mag aber die Ursache der Nichtvollendung errathen haben, wenn er singt:

Coepit & ingenii totis cum Viribus acris
In linguam propriam vertere Gramma-
ticam.
Ardua Philofophis etiam res haec foret,
artem
Ad hanc fermonem cogere barbaricum. ¹¹)

3. Ein grösseres Verdienst war es, daß er alle nichtgeschriebene Gesetze der ihm untergebnen Völker und Stämme, und noch mehr, daß er die alten Bardengesänge sammlen und schriftlich verfassen ließ ¹²). Hierdurch wurden nicht nur neue Sprachschätze an das Licht

B 2   ge-

---

¹¹) L. V. ap. Bouquet l. c. p. 182.
¹²) Eginhard cap. 29. Poeta Saxo L. V.
    p. 181. & 182.

gebracht, sondern gewiß, auch viele zur Bearbeitung ihrer Muttersprache in Gedichten und
andern Aufsätzen gereizet; denn lockende Vor-
bilder fanden sie ohne Zweifel.

4) Noch wichtiger und in der Folge frucht-
bringender waren seine Schulanstalten, indem
er selbst die Laien in der Schreibkunst zu un-
terrichten befahl.

Lambek, der gelehrte Benedictiner Rivet [13])
und andre behaupten: unter Karls (und seiner ersten Nachfolger) Regierung sey die deutsche Sprache sehr angebaut worden, und zwar
hauptsächlich durch sein Vorbild, seine Er-
munterungen: aber wo sind die Früchte, woran wir dieß erkennen sollen? Wahr ist es,
daß der Anbau der Sprache gerade damals
von

[13]) Histoire litteraire de la France Tom. 4.
p. 408 & 409.

von äuserſter Wichtigkeit iſt, allein eben ſo
wahr, daß die Verſäumung deſſelben den wahren Begriffen von Gott, Gottesverehrung,
Sittenlehre u. ſ. w. unglaublichen Schaden gebracht hat. Hätte Karl ſtatt der lateiniſchen
Poſtille eine teutſche eingeführt, hätte er ſeinen Geiſtlichen unſre Sprache mehr empfohlen und dieſelbe durch Ueberſetzungen ſchreiben
und bilden laſſen; die verkehrten Mönchsbe-
griffe würden eher verändert worden, das Licht
der Aufklärung bälder aufgegangen ſeyn.

Aber Karl that das nicht; ſeine andre Bemühungen fruchteten alſo nur wenig, denn
es ſtanden der Bildung unſrer Sprache mäch-
tige Hinderniſſe entgegen.

1. Unſre Mönche erhielten ihre Vorſtellun-
gen von Gott und dem Glauben von Ausländern in der fremden lateiniſchen Sprache. Da

dieſe

diese als die kirchliche heilig geachtet war, und
die Lehren von Heiligkeit, Tugend u. s. w. in
ihr zum erstenmal beygebracht wurden, so
mußte die Andacht gegen sie gerade durch das
Dunkel und das Unverstandne der fremden
Töne nur vermehrt werden.

2. Nicht nur die Lehrer in der Religion,
als Fridolin, Gallus, Columban, und Winn-
frid mit seinem Gefolge, sondern auch die in
den Wissenschaften waren Ausländer, Alkuin,
Peter von Pisa und andre. Allen diesen war
unsre rauhe, breite, wildtönende Mundart
fremd, widerwärtig, gehäßig: was thaten sie
also? Sie flößten unsern Mönchen Abneigung
gegen die deutsche Sprache ein [14). Ohne-

hin

14) Man sehe z. B. nur Lupi Ferrariensis epist.
41 in Bouquetii Scr. rer. Gallic. Tom.
VI p. 404. und dieser war dazu lange im
Kloster Fuld unter Rhaban.

hin war das Lateinische unter Karl die eigent=
liche Hof = Gerichts = und Kanzelsprache.

Und so geschah es, daß die unsrige sogar
von Eingebornen den Namen Barbara er=
hielt 15). Ja, Walafrid Strabo, der vor=
zügliche Kopf, hält es fast für Sünde die
Vorstellung Gotteshaus mit einem deutschen
Worte auszudrücken 16). Und Otfrids Klage
ist gewiß nur im Nachsatz übertrieben, wenn
er von unsrer Sprache schreibt: lingua enim
haec velut agrestis habetur, dum a propriis
nec scriptura nec arte aliqua ullis est tem-
poribus expolita. Zugleich ersieht man hier=
aus, daß auch die Laien sich nicht mit Schrei=

B 4   bung

15) Eine Menge Beispiele hat Du Fresne im
Gloſſar. med. & inf. latinit. v. Barbarica
geſammlet.

16) De Rebus eccleſ. cap. 7.

bung der Sprache abgaben: Wißluft und Bedürfniß trieben sie damals noch nicht dazu an.

Ludwig der Milde arbeitete am Plane
seines Vaters und that durch Schulanstalten
und Erweckung mancher Gelehrten wirklich
zur Verfeinerung der Deutschen vieles: allein
um unsre Sprache kann ihm eigentlich und
zuverlässig kein besonderes Verdienst zugeschrie-
ben werden. Verstieß er doch alle deutschen
Sänger und verbannte sogar die alten Barden-
lieder, die er in der Jugend gelernt hatte [17]).
Zwar behauptet man gewöhnlich: er hätte die
heilige Schrift durch einen angesehenen Sächsischen Dichter in deutsche Verse übersetzen laß-
sen: aber die alte Stelle, worauf man sich
be-

[17]) Theganus de gestis Ludovici Pii c. 19.

beruft, ist sehr verdächtig 18). Otfried hätte
doch von dem Werke etwas wissen sollen,
da er ein Schüler des am Hofe erfahrnen und
mit dem Kaiser bekannten Rhabanus Maurus
gewesen ist; wie hätte er denn über die äu-
serste Verachtung unsrer Sprache so jammern
können? wenn jene Nachricht gegründet wäre?
Ein andrer Umstand stärkt meine Zweifel noch
mehr. Zu Anfang des 10 Jahrh. wußte man
in Niederdeutschland selbst von keiner solchen

B 5   Ueber-

---

18) Flacius in Catal. testium Veritatis brachte diese Stelle zuerst ans Licht. Du Chesne
Script. rer. Franc. Tom. II. p. 326. Eck-
hart Comment. de Francia Orientali Tom.
2. p. 324. und mehrere andre rükten sie in
ihre Schriften ein, aber keiner aus einer Handschrift, sondern blos aus Flacius Ausgabe.
Adelung (Umstände Lehrgebäude. Th 1. S. 42.)
behauptet. Du Chesne hätte die ganze Arbeit in Händen gehabt; dieser meldet aber
kein Wort hievon.

Ueberſetzung; und wißbegierige Leute ließen
ſich daher die h. Schrift mündlich erklären
und verdeutſchen 19). Wäre eine wirklich vor,
handen geweſen, ſie hätte nimmermehr, Ludwigs Abſichten zuwider, ſo unbekannt bleiben
können.

Auch den nächſtfolgenden Königen können
keine Verdienſte um unſre Mutterſprache mit
Grund zugeſchrieben werden. Zwar iſt der
Bundeseid, den Ludwig der Deutſche 842
mit ſeinem Bruder beſchwor, zugleich deutſch
verfaßt 20), und es ſind noch Bruchſtücke von
einem

19) Berthae Vita S. Adelheidis cap. V. in
Mabillonii Actis SS. Ord. S. Benedicti
Sec. VI P. 1. p. 126. ed. Venet.

20) Von den vielen Ausgaben lieferte die beſte
Grandidier hiſt. de l'egliſe de Strasbourg
Tom. 2. Pieces juſtificatives Nr. 116.

einem überſetzten Capitulare Lothars übrig ²¹):
ſind das aber gültige hinlängliche Zeugniſſe?

Zum Glück wirkten noch andere Umſtände
und von einer andern Seite auf Bildung un=
ſerer Sprache. Dichtkunſt lebte noch unter
dem Volke, obgleich von den Geiſtlichen und
Fürſten verachtet, ſang nicht nur das Schlacht=
gewühl, von Schwert, Blut, Tapferkeit und.
Heldenmuth; nicht nur von Wild und Wald
oder den Freuden des Trunks, ſondern auch
von den Schmerzen der Liebenden und den
ſanften Regungen des Herzens; denn ſelbſt
den Gott geweihten Jungfrauen mußte der
Minneliederwechſel unterſagt werden. Ob aber
auch der Roman, das älteſte Denkmal nie=

der=

---

²¹) In Broweri & Maſenii Annal & Anti-
quit. Trevir. Tom. I. Proparaſc. p. 26 &
27. (Leodii 1670. fol.)

derſächſiſcher Mundart, wovon Ekhart einige
Bruchſtücke errettet hat ²²), von einem Laien
herſtamme, läßt ſich nicht entſcheiden. Genug dieſes Herrſchen der Volks = und weltlichen
Lieder war es, was die Mönche hauptſächlich
zur Bearbeitung der deutſchen Sprache antrieb.
Otfried, der um die Mitte des 9. Jahrh. ſchrieb,
giebt dies als die vornehmſte Triebfeder zur
Unternehmung ſeiner Arbeit, der Umſchrei-
bung der Evangelien, an ²³). Sein Werk
iſt zwar ſchlechte Reimerey; er übertritt manche Grundſätze unſerer Sprache, flickt und
dehnt nach Belieben des Reimes, aber in Vergleich mit Kero hatte die Sprache an Reichthum

---

²²) In Comment. de Francia Orient. Tom. I.
p. 864.

²³) Die neueſte und beſte Nachricht von Otfr.
findet man in Oberlini alſatia litterata. Diſſ.
I. p. 19 — 43.

thum und Wendungen doch augenscheinlich
vieles gewonnen. Er mußte ihre Schätze untersuchen, fand aber auch Reichthum, denn
er klagt nicht, welches merkwürdig ist, über
Armuth an Worten und Fügungen. Zu einem Muster von seinen Versen mögen folgende hier stehen:

Gileitit ward tho druhtin Christ
    thar ein einothi ist:
in steti filu unuaste,
    fon themo Gotes geiste.
Er fastete unnoto
    thar niunhunt zito,
sehszug ouh thar miti in uuar
    so ruorta' nan tho hungar. *

                       Auf

* Lib. II. cap. 4. Evangel. in Schilteri
Thes. T. I.

Auf diesem Wege, durch die Muttersprache
Religionskenntniſſe unter Laien und Mönchen
zu verbreiten, gieng man glücklich fort. Bald
nach Otfried ſtand ein Ungenannter auf, und
überſetzte die dem jüngern Tatian fälſchlich bei-
gelegte Harmonie der vier Evangeliſten. 24)
Nach dem Urtheile der größten Kenner iſt ſeine
Sprache ächter und feiner als die Otfriediſche.
Um die nämliche Zeit beſchrieb Statpert das
Leben des H. Gallus in deutſchen Verſen 25),
mit welchem Erfolge läßt ſich nicht ſagen, da
es nicht gedruckt worden. Auch der Befehl,
den die Kirchenverſammlung zu Tours ſchon
im J. 813 gegeben und die zu Mainz 847.
wiederhohlt hatte, nämlich auch Predigten
deutſch

---

24) Steht in Schielers Theſ Antiq Germ.
25) Mezler de Viris illuſtr. Monaſterii S.
Galli L. 1. cap. 23. in Pezii Theſ. Anecd.
Tom. I. P. 3. col. 571.

Deutſch zu verfaſſen, wirkte allmählich; denn
die Geſchichte erwähnt nicht nur ſolcher deutſchen Redner 26), ſondern wir beſitzen noch
wirklich Bruchſtücke von deutſchen Predigen
aus dieſen Zeiten 27).

Von einer andern Seite half die Erlernung der Lateiniſchen wirklich auch unſerer
Sprache etwas. Der Geiſt ward auf Wort-
forſchung geleitet. Ein alter Mönch erklärt
die Bedeutung des Namens Bajovarii mit
Kronenmänner: Baugo enim, ſagte er, apud
illos Corona dicitur. Wer autem Vir 28).

Sma-

---

26) So ſagt Eckhardus jun. de Caſ. Mom. S.
Galli cap. 3. vom Tutilo: Concionandi in
utraque linguae potens.

27) In Eckart Comment. Fr. Orient. Tom.
2. p. 941 — 48.

28) Monumenta Boica Vol. 7. p. 375.

Smaragd, gestorben um das J. 820 als Abt
von S. Michael an der Maas, erläutert in
seiner Erklärung des Donats viele Fränkische
und Gothische Namen 29). Einige Ableitun-
gen sind freilich lächerlich und ungereimt z. B:
Altmir velutus mihi; stich mir potens mihi
u. s. w. allein auch diese oft mißglückten Versuche waren im Ganzen doch Gewinn. Doch
war ein ungleich grösserer das Uebersetzen. Um
einen lateinischen Ausdruck deutsch zu geben,
mußte der Mönch oft den ganzen Vorrath
unserer Worte durchforschen, sah sich oft ge-
nöthiget Worte nachzubilden, und lernte dadurch die Gesetze und die Art unsrer Sprache.
Wiewohl die Verdeutschungen oft sehr fehler-
haft ausfielen, so wurde doch der Geist vieler
damaligen Gelehrten auf das Erforschen der
Ab-

29) Steht in Mabillons Analectis. (Parisiis
1413. fol.) p. 358.

Abſtammung, Bedeutung und Zuſammenſetzung hingeführt; und die ſchlimmen Verſuche wurden allmählig berichtigt oder ſonſt
verbeſſert. In den S. Bläſiſchen Gloſſen wird
perſpicuum eſt mit duruhſuinlih, durchſichtig
überſetzt: da aber die Deutſchen dieſen Begriff
durch ein von Deuten abgeleitetes Wort natürlicher ausdrücken, ſo blieb jenes nicht. Kero hat anaſtantanlih inſtändig für das Latei-
niſche inſtanter, Rhaban duruhfrummunga
für Perfectura; Ungamezhaftida für Intem-
perantia; widermaz für rependebat und ein
andres Gloſſarium heizmuotiges für ſtoma-
chantis. Dieß ſind lauter Belege meiner obi-
gen Sätze.

Wie viel oder wenig unſre Mönche ſich
übrigens in dergleichen Arbeiten geübt haben,
erſieht man aus den obenangeführten Denkmälern nicht. Ich ſetze alſo noch von den übri-

C   gen

gen erretteten (gewiß nur ein kleiner Theil
aller ehmals vorhandnen Stücken) ein Ver-
zeichnis her, das aber nicht über das 9. Jahrh.
hinaufgeht. Es sind:

1) Glossae in Scripturam sacram, Patres
atr. [30]) aus der Mitte des 9ten Jahrhunderts, weitläufig und schätzbar.

2) Sogenannte Glossae theotiscae [31]) min-
der erheblich.

3) Rhabans Glossarium [32]). Wahrschein-
lich enthalten die bisherigen Ausgaben
nur verderbte Auszüge.

4) Tuoд

---

[30]) In Pezii Thes. Anecdot. Tom. I. Parte I.

[31]) In Eccardi Fran. Orient. Tom. 2.
p. 977. f.

[32]) Ebend. S. 950 - 76.

4) Ruodberts von S. Gallen Verdeutschung verschiedener lateinischen Wörter [33].

5) Ein kleines Glossarium von einem Ungenannten, das erste S. Blasische genannt [34].

Wie merklich unsre Sprache durch diese mancherley Uebungen zu Ende des 9. Jahrh. verfeinert, bereichert und überhaupt vollkommner worden, lehrt die Vergleichung der verschiedenen Ueberbleibsel. Man halte das Lob-

C 2   lied

---

[33] In Goldasts Script. rer. Alamman. Tom. 2. p. 65 ed. Senkenb.

[34] In Gerberts Iter alleman. Edict. I. Appendix p. 4 — 10. In der neuen lateinischen Ausgabe vom J. 1773. ist dieser schätzbare Anhang weggeblieben, in der elenden deutschen Uebersetzung ohnehin.

lied auf den Besieger der Normänner [35] gegen die vorige Proben deutscher Sprache:

> Gilobet si thiu Godes Kraft
> HLudwig uuarth sighaft!
> Sag allin Heiligon thanc,
> Sin warth ther Sigikamf!

Nach Vertreibung der fürchterlichen Ma-
gyaren begannen die Deutschen im 10. Jahrh.
sich häufiger in Städte zu versammlen; Handwerker, Bergbau und Künste fiengen mit Macht
an; Naturkunde Weltweisheit und andre
Kenntniße nahmen zu; Pilgerarten, griechische Verbindungen, Handelsreisen, Kriege u. s. w.
erweiterten die Begriffe immer mehr. Mußte
also

---

[35] Steht in Schilters Thes. Tom. II. in Mabillonii Annal. Ord. S. Bened. Tom. 3.
Appendix p. 635. und in Langenbecks Script.
rer. Danic. T. 2. p. 71. f.

also die Sprache nicht auch wachsen und ge-
bildeter werden, besonders da ausländische
Gelehrte nimmer den Ton allein angaben,
und die einheimischen das Vorurtheil wider
ihre Muttersprache allmählich ablegten? Diesen Fortschritt sieht man deutlich sogar an
den Glossarien dieser Zeit den sogenannten
Florentinischen 36) und Lindenbrogischen 37)
und an den Fränkischen Lobliedern 38), ungeachtet erstere sich meistens nur auf Kleidung,
Geräthschaften und natürliche Dinge beziehen,
und letztere ganz wörtlich mit allen unsrer
Sprache unnatürlichen Fügungen, aus dem
Lateinischen übersetzt sind. Nimmer die steife
übelnachgebildete Worte, wie in den S. Bla-

C 3

fischen

---

36) Herausgegeben von Ekhart Tom. 2. Fr.
Orient. S. 981 - 991.

37) Ebend. S. 991 = 1002.

38) Ebend. S. 918.

fiſchen und Rhabaniſchen Ueberbleibſeln! Ue=
berhaupt tritt eine Menge vorhin unbekannter
Benennungen und Ausdrücke in den Denkmä=
lern dieſer Zeit auf, und die herrliche Quelle
der Sprachbereicherung — Zuſammenſetzung —
wird ſtark benutzt. Ein ungenannter Mönch,
der zu Ende des 10. Jahrh. lebte, und von
dem wir noch geiſtliche Reden beſitzen 39), ſagt
nicht: das Recht oder Gebot Gottes: ſon=
dern ſtärker und perſonificirend: das Gotis=
recht, die Gotis ee: und zeigt überhaupt
ſchon Kenntniß von den feinen Schönheiten
und den tiefliegenden Reichthümern der Spra=
che. Er gebraucht ſchon die trefliche Vorſteckſilbe
Be um aus mittleren Zeitwörtern thätige und
dergl. zu bilden. In der Stelle von den Ar=
beitern

---

39) Bei Ekhart a. a. O. S. 941 = 948. Lamberius
hielt ſie für Otfrieds Arbeiten, allein die Ver=
gleichung der Sprache widerlegt dieſe Meinung
ſogleich.

beitern im Weinberge drückt er sich nicht aus: darüber murmelten die erſten, ſondern: daz pimurmilotin (bemurmelten) die eriſten. Ich kann mich nicht enthalten, zum Beweiſe des Sprachwachsthums überhaupt, ein Stück ſeiner Predigten hier einzurücken. Saligiu uui- tu uua du ſelbon Got habeſt rihtare unde piskirmare. Umbe waz ſcolt du nu dechei- nen (deinen) man weinen, ſid tu nu bezze- ra biſt, danne du e wareſt? E kedruotoſt tu in den mennisken, nu gedinges tu awar in Got. E kedahtastu nah mennisken, nuh nah Gote. E laſtoſotost tu dih in dero wu- neluſte des lichinamen (Leibes) unde in den freisen des kewates; nu pedenche for allen dingen die chuske unde die ſuzze dere Gotis ee. (Verbindung) E wareſt du deines manes diu, (Diet, Geſind, Unterthan) nu biſt du Chriſtis fria. Wie vil nu bezzera iſt, daz tu so sichiriu bist, danne du dinemo marde (Vormund, Mann) dienetist!

Notkers Pfalmenüberſetzung, wie deutſch, wie geſchmeidig, wie reich an neuen Ausdrücken iſt ſie nicht gegen alle vorhergehenden ähnliche Arbeiten! Magnificentia überſetzt er **Werchmahtigi**, Werkmächtigkeit; Praedeſtinatio **Penemida**; Reges terrae Lantchuninga; cathedra peſtilentiae **Suchtſtuole**, opera manuum ejus ſeine **Handtate**, pſalterium decem chordarum, **zenſeitiger** (zehnſaitiger) Pſalter. Uebertraf er hier nicht oft ſelbſt die Kürze und Stärke der Lateiniſchen Sprache, indem er neue Zuſammenſetzungen, beſonders Beiwörter, aus Hauptwörtern bildete und ſie wieder an andere hieng? Einen noch höhern Begriff von der ſteigenden Bildung unſerer Sprache geben uns die andern Schriften Notkers. Dieſer einſichtsvolle Mönch, der den

Bei=

Beinamen. Großlipzig führt, und 1022 in S. Gallen gestorben ist, achtete sie nämlich reich, stark und biegsam genug um die mannichfaltigen Gefühle und Vorstellungen, die in den moralischen Werken Gregors des Gr. in Bonthius vom Troste der Weltweisheit, in Martianus Capella von der Verbindung der Philologie und des Merkurs, ja selbst im Organon des Aristoteles vorkommen, würdig ausdrücken zu können 40). Der Liebhaber bedauert, daß der verdienstreiche Fürstabt Gerbert nur so einige Bruchstücke davon bekannt gemacht hat, denn diese setzen uns nicht in den Stand von dem Werthe der Arbeit genau urtheilen zu können. Um übrigens darzustel-

C 5

len,

─────────────────────

40) Daß er hievon Verfasser sey, zeigen Hamberger in den zuverläßigen Nachrichten von den vornehmsten Schriftstellern Th. 3. S. 721. und 22 und Gerbert Iter Allemman. p. 101.

ren, welche Veränderungen von Otfried biß Notker, in einer Zeit von 150 Jahren, in unsrer Sprache vorgegangen sind, setze ich bei der Verdeutschung des Vater unser hieher.

Otfried.	Notker.
Fater unser, thu in himilon bist	Vater unsir, du in himile bist
Wih si namo thiner.	Din Namo werde geheiligot.
Biqueme uns thinaz richi.	Din rich chome.
Gi willo thin hiar nidare so ser ist uf an himile	Din Wille giskehe in erda also in himile
Thia dagalichun zuhti gib hiut	Unsir tagelich prot gib uns hiute
Sculd bilaz uns allen, so wir ouh duan wollen	Unde unsere sculde belazh uns, so ouch firlazen unseren sculdenaren.
Ni firlaze unsih thin wara in thes widerwerten fara	Unde in dia chorunga ne leist da unsih
Losi unsih io thanana then wowon io bimiden.	Suntir irlose unsih fonadem ubile.

Biß

Biß zu Ende unsers Zeitraums erschien
zwar kein so thätiger und arbeitsamer Lieb=
haber unsrer Sprache mehr, als der S. Gal=
lische Mönch war; dennoch wuchs ihr Reich=
thum und ihre Bildung merklich. Staats=
Handels = und Bürgerverbindungen nahmen zu;
allerley Kenntnisse verbreiteten sich, und die
Volksdichtkunst scheint um diese Zeit einen
neuen Schwung genommen zu haben. We=
nigstens singt ein Dichter [41]) um das Ende
des 11. Jahrh.

> Wir horten ie dikke singen
>> Von alten dingen,
> Wi snelle helide vuhten
>> Wi si veste burge brechen:
> Wi sich liebin winisceste schieden
>> Wi riche Kunige al zegiengen.

Auch

---

[41]) S. Rhythmus de S. Annone cap. 1. in
Schilteri Thes. Tom. I.

Auch thut man gewiß den Geiſtlichen Unrecht, wenn man ihnen gänzliche Vernachläſ-
ſigung der Mutterſprache aufbürden will. Zwar
beſitzen wir nicht ſehr viele deutſche Schriften
aus der zwoten Hälfte des 11. und der erſten
des 12. Jahrh. aber wie viele überhaupt liegen
nicht noch verborgen.

In Nachtgewölben unter der Erde wo
  Der Mönch' Einöden, klagen nach uns
    herauf!

Die erretteten zeugen von groſſem Fortſchritte.
Es ſind auſſer einigen kleinen unerheblichen
Stücken:

 1) Ein Gloſſarium, daß ſich nur auf Haus-
  haltung, Landwirthſchaft u. ſ. f. erſtreckt,
  von Meichelbek bekannt gemacht [42].

         2) Ein

---

[42] In der Vorrede Tom. 2. Hiſt. Friſing.
 p. 14. & 15.

2) Ein Gebet von einem sehr verdienten Regensburgischen Mönchen Othlo [43], der um das J. 1068. gestorben ist.

3) Drey lateinisch=deutsche Wörterverzeichnisse von dem Fürstabt Gerbert herausgegeben [44], wovon das mittlere besonders schätzbar ist.

4) Das Hohe Lied Salomons, umschrieben von Willeran [45] der im J. 1085. als Abt des Kl. Ebersberg starb. Dieser Geistliche war eine Zeitlang in Frankreich in der scholastischen Philosophie erfahren, und dennoch bearbeitete er seine Muttersprache

---

43) Bei Pez im Thef. Anecdot. Tom. I. P. I. col. 418 — 420.

44) Iter Aleman. Appendix S. 15. u. f.

45) Am besten herausgegeben von Schilter im Thesaur. Antiq. Tom. I.

sprache. Da aber, wie er selbst im Vor-
berichte meldet, deutliche Erklärung des
Liedes sein Hauptzweck war, so wandte
er nicht allen Fleiß auf die deutsche Einkleidung. Indessen kann man doch aus
folgender Probe den Fortschritt unsrer
Sprache mit Vergnügen sehen. Kum
wine min: ge uvir aune den akker!
wesen allevuila in den Dorfon! sten
frue uf ze den wingarton: tuon des
wara, obe der wingarto bluowe; obe
nah des bluote daz pocher sih scaffe,
ob die roten epfele bluowen! — Aber
noch ungleich schöner, lieblicher und geschmeidiger ist die Sprache

5) In dem Lobgesang auf den H. Hanno,
welcher 1075. als Erzbischof zu Cölln
starb. Der ungenannte Verfasser muß
einige

einige Jahre später als Willeram geschrieben haben. Zum Beispiel folgende Verse.

Die sterrin behaltent ire vart,
   Si geberent vrost unte hizze so stare.
Daz fiur havit ufwert sinen zug:
   Dunnir unte wint iren vlug.
Die wolken dragint den reginguz
   Nidir wendint wazzer iren vlug.
Mit blumin cierint sich diu lant
   Mit loube dekkit sich der walt.
Daz wilt habit den sinin ganc.
   Scone ist der wügilsanc
Ein iwelich ding diu e noch havit
   Die emi Got van erist virgabit.

Diese Stelle mit dem Wessenbrunnischen
Gebete, als dem ältesten Sprachüberbleibsel
aus Karl des Gr. Zeit, verglichen, welche
Verschiedenheit! Nur noch einige Zeit, und
günstige Umstände, so mußte die Sprache in
                      ein

ein neues Lebensalter übergehen. Ehe wir der
neuen Veränderung folgen, werffen wir einen Blick zurück, um die Puncte zu sammeln,
worinn sich die Sprache zu Ende des Zeitraums von der zu Anfang desselben, in Rücksicht auf Ausdruck und Stärke verändert hat.
Gewonnen hat sie offenbar:

1) in Ansehung des Ausdrucks in mancher-
lei Betracht. a) Die Wortfolge war Anfangs, wie aus den fränkischen Lobliedern und andern Denkmälern zu schlies-
sen, so unbestimmt, daß man aller
menschlichen Gedankenfolge zuwider, zwischen das Geschlechts- und Hauptwort
andre fremde einschieben, und das Bei-
wort von dem Nennwort versetzen konnte. Obgleich die herrliche griechische und
zum Theil auch die lateinische Sprache
diese Eigenschaft hat, und in vieler Augen

gen dieselbe ein Vorzug ist, so scheint sie mir dennoch aus Gründen der Seelenlehre ganz verwerflich. Solche Versetzungen können nie etwas anders seyn, als — rednerischer Klingklang. — b) Die rauhen Gurgeltöne wurden gemildert, die breiten rauhen Schälle abgeschliffen. Wer dieses nicht für Gewinn achtet, der singe schmelzende Gefühle, leise allmählich übergehende Empfindungen in Tönen, die den Mund aufreissen, Gurgel und Lunge ermüden, und dann sehe man, welcher Gleichlaut zwischen Thon und Empfindung! c) Die Fähigkeit, mehrere auch unsinnliche Begriffe auf vielerlei Arten auszudrücken, war zu Ende des Zeitraums ungleich grösser. Nähere Beweise wird niemand verlangen.

D   2) in

2) in Ansehung der Stärke, das heißt, des
Vermögens die Begriffe und Empfindungen mit Leben, mit Wirksamkeit darzu-
stellen. Theils erschienen mit dem wach-
senden Reichthum der Sprache mehrere
eigenthümliche, oder auch überzutragende
Benennungen, wodurch Dinge und Gefühle individueller, nachdrucksvoller bezeichnet werden konnten: Theils gewährte die immer reichere Zusammensetzung
neue Stärke, denn durch sie konnten verschiedene zusammenzudenkende Begriffe,
mit Weglassung schleppender Redetheile,
in ein Machtwort gedrängt werden, Beispiele sind schon vorgekommen.

Aber in manchen veränderte sie sich auch
zum Nachtheil der Kürze und Stärke.

I. Zu

1. Zu Anfang wurden die Mittelwörter mit groſſem Vortheil gebraucht, weil ſie zugleich der Abänderung unterworfen waren.

2. Die Abwandelung der völlig vergangnen Zeit mit dem Hilfswort habe war in der thätigen Gattung ehemals unbekannt, ſchlich ſich aber nach dem Ueberſetzer Iſidors ein. Verlor ſie alſo nicht an der Fähigkeit die verſchiedenen Ideenverhältniſſe kürzer und einfacher auszudrücken?

3. Die Geſchlechtswörtchen der die das, ein eine eines nehmen gegen Ende des Zeitraums allzuſehr überhand, und verdrängen die charakteriſtiſche Abänderung ganz. Wenn durch die Biegung des Endlautes, (wie es in Mannes) die neue Beziehung oder Vorſtellung ſchon ausgedrückt, wozu noch immer das oft ſchleppende Geſchlechtswort? Herr

D 2   Abe-

Adelung glaubt: die Weglassung der Geschlechts=
und Hilfsworte sei Unwissenheit unsrer Sprach-
gesetze gewesen, knechtische Nachahmung des
Lateinischen Vorbildes. Bei Kero mag dieß
Statt haben: aber wenn es in dem Lied auf
Ludwigs Besiegung der Normänner heißt:

> Sang was gesungen;
> Wie was bigunnen
>> Bluot skein in Wangon
>> Spilod under Vrankon

ist das auch Nachahmung? Notker, der seine
Sprache verstand und bei andern Gelegenheiten die Fürwörtchen oft braucht, schreibt doch:*
Himela zellent kotes guolichi, unde sine
handtate die chundent uns. *Tag* irropfzot
sin wort demo Tage, unde *naht* ebundet
nahte. Willeram braucht sie noch häufiger, aber
auch

---

* Psalm 18. S. 38. der schilterischen Ausgabe.

auch er läßt sie noch weg, wenn wir nimmer dürfen Ih bin *veltbluoma* unde *lilia* deh telero, läßt er die Geliebte Salomons sagen.

Zuletzt noch kürzlich die Frage: welches war die deutsche Hauptsprache in diesem Zeitraum? Deutschland hatte nach den fünf Hauptvölkern fünf verschiedene Mundarten; die Schwäbische (oder Allemannische) Ostfränkische, Bairische, Sächsische, Thüringische. Da Allemannien zuerst Licht und Wissenschaft erhielt, und in seiner Sprache schrieb, so erhielt das Oberdeutsche eine Oberhoheit über die andre, welche es auch, seiner fleißigen Bearbeiter wegen, nicht verlor. Sein Grund war die Schwäbische Mundart, in welcher Otfried und Notker schrieben, denn man hüte sich des erstern Frenciska zunga für die Ostfränkische Mundart zu halten. Von Sprache der Höfe und ihres Einflusses läßt sich noch nichts sagen:

D 3   gen:

gen: unsre Kaiser sprachen noch nichts anders,
als es ihre angestammte Mundart gerade mit
sich brachte.

◇◇◇◇◇◇◇◇◇◇:◇◇◇◇◇◇◇◇◇◇

Zweiter Zeitraum.

Minnesingerzeit

von der Mitte des 12. bis gegen die Mitte
des 14ten Jahrhunderts.

Eine grosse Umwandlung in Staatsverfassung,
Volksgeist, herrschenden Vergnügen, Gewerb,
Handel, Wissenschaften, Künsten und Sprache,
ward schon lange vorbereitet: sie zeigte sich aber
recht merklich erst gegen die Mitte des 12. Jahrh.
In stiller Selbstentwickelung und durch Handel,
Bekanntschaft mit Griechenland, Italien und
andern Reichen, hatten sich die Begriffe der
Nation merklich erweitert; die neuen Kenntnisse wurden durch die immerwachsenden Städte
stärker

stärker in Umlauf getrieben, und auf diese Weise die Laien überhaupt aufgeklärter. Fürsten
und Lehensleute wurden mächtiger, der Glanz
der Höfe ward grösser; Reichthum und Volksmenge und andre Einflüsse gebaren neue
Stände, neue Beschäftigungen, neue Sitten
und Leidenschaften. Bei dem nämlichen Ge-
schlechte ward ein höflicher, liebender, tapferer,
leidenschaftlicher Geist, bei dem weiblichen (wiewohl in geringerem Masse) religiöse Schwär-
merei herrschend geworden. Bekanntschaft mit
den Troubadours und politische Verbindungen mit der Provence halfen, dem verachteten Stande der Sänger wiederum auf. Was
Wunder also, daß bei diesen Leidenschaften
und Sitten eine Menge Dichter erwachte?"

Diese Dichter hießen gewöhnlich Minnesinger. Mehreren Gelehrten dünkt dieser Name unschicklich, weil er auf den Wahn führe

als

als hätten sie von nichts als Liebe gedichtet.
Allein, da sie hievon am meisten und besten
gesungen haben, jener Name also die Haupt-
merkmale ihrer Arbeit enthält, so scheint er
vorzüglicher als Schwäbische Dichter, denn
viele vortrefliche dieser Sänger waren keine
Schwaben, auch in weitester Bedeutung des
Worts. Der Zeitraum, in dem diese Dichter
herrschten und den ich Minnesingerzeit nenne,
beginnt ungefähr mit der Mitte des 12. und
endet noch gegen die Mitte des 14. Jahrhunderts. Ganz genau lassen sich die Grenzen nicht
bestimmen, denn viele Denkmäler sind noch
verborgen und die Natur der Sache läßt es
nicht zu.

Dem Uebergang der Sprache aus dem
vorigen in das neuere feinere Lebensalter hab
ich lange nachgespürt: am besten, dünkt mich,
ersieht man ihn aus folgenden Versen eines
Unge-

Ungenannten Mönchs, der zuverläßig vor
Friedrich Rotbart lebte. [46]).

Merſterne morgen rot.
Anger unge brachot,
Dar ane ſtat ein blume,
Die liuthet alſo ſcone
Si iſt under den anderen
So lilium undern dornern

       Sancta Maria!

Ein angelſnur geflohtin iſt
Dannen du geborn biſt
Daz was diu din chunnes caſt
Der Angel was diu Gotes chraft
Da der tot wart ane irvorgen
Der von dir wart verborgen.

       Sancta Maria!

   D 5   Ihr

---

[46]) Aus einem Loblied auf Maria in Pezii Theſaur. Anecdot. T. I. P. I. col. 415.

— 58 —

Ihr Unterscheidendes aber in dem neuen
Zeitraum ist: sinnlich malerischer Ausdruck, Kraft, Einfalt, Kühnheit, Ge-
setzmäsigkeit; so sonderbar es auch scheinen
mag, diese Eigenschaften beisammen zu finden.
Alle diese Vorzüge sind indeß in den Denkmälern des 13ten Jahrh. weit häufiger, als in
den folgenden Jahren des Zeitraums, indem
mit dem 14. Jahrh. gute Dichter seltener
wurden, denn der Rittergeist begann zu wel-
ken; und fast sollte man nach Lesung eines En-
nenkels und Ottokars von Hornek auf den Gedanken kommen: mit dem 14. Jahrh. fange
eine neue Periode an. Aber diese schrieben in
einer ungebildeten Mundart ohne allen Dich-
tergeist und feine Kenntniß der Sprache. Andere Gelehrten, z. B. der alte schätzbare Schottel 47), ein Mitarbeiter an der deutschen En-
cyclo-

47) Ausführliche Arbeit von der deutschen Hauptsprache S. 48.

cyclopädie [48]) beginnen mit Rudolf von Habs-
burg eine neue Denkzeit in unſerer Sprachgeſchichte, weil dieſer den öffentlichen Gebrauch
der Sprache empfohlen und ſie dadurch in beſſere Aufnahme gebracht haben ſoll. Folgende
Gründe zeigen aber, daß Rudolfs Bemühungen keine ſo merkwürdige Veränderung veranlaßt haben.

1. Es iſt zuverläßig, daß der diplomati-
ſche Gebrauch unſerer Sprache nicht nur bei
Privatperſonen, ſondern auch bei den Ober-
häuptern Deutſchlands lange vor Rudolf an-
gefangen habe, wie Gatterer mit vielen Bei-
ſpielen erwieſen [49]). K. Konrad 4. bediente
ſich ihrer ſchon in Urkunden, geſchweige daß
ſelbſt

---

48) Unter dem Art. Deutſche Sprache.
49) Commentatio de epocha dipl. linguæ
German. Pars I. Tom. 2. Comment. Soc.
Goetting. p. 72 — 75.

selbst im J. 1235. die Reichssatzung in Mainz deutsch niedergeschrieben und bekannt gemacht worden. [50].

2) Sey's auch, daß die deutsche Sprache vor Rudolf die eigentliche Kanzlei = und Reichstagssprache nicht gewesen ist, so kann doch ihre Erhebung dazu keineswegs als eine neue Denkzeit angesehen werden. Die Achtung und Bearbeitung derselben ward dadurch nicht vermehrt, und als Muster oder Vorbild konnte Kanzleischreibart nie dienen. Es ist sogar leicht zu erweisen, daß mit Rudolf unsre Sprache und Dichtkunst eher etwas sank als stieg. Seine eigene Ausschreiben und Urkunden sind ohnehin in Ansehung der Sprache voll Schnitzer, Härte und Pleonasmen. Ich will dieses nicht mit spätern verderbten Abschriften

[50] Gatterer Commentat. cit. Pars 2. Tom. 3. Commentat. Soc. Gotting.

ſchriften ſeiner Schreiben, ſondern aus genauen
Ausdrücken zeigen.   In einem Friedebriefe [51])
ſagt er: Wiſſent alle gemainlichen, daz ich
die Clage, die Anſprach und och die Mishel-
lunge, die da *waz enzwichunt* den Brudern
S. Johannes Ordens - - - und och und under
den Burgern derſelben Stat, mit ir baider
wille habe urlichtet, alſa an diſem gegenwar-
tigen brief geſcrieben *ſlaite.* und in der Be-
ſtättigung des Landfriedens [52]): Wir Rudolf —
hant die Recht - - - *dun geſworen* u. ſ. f.

So Rudolfs Kanzlei.   Wie anders der
ungenannte gleichzeitiger Proſcript, von dem
wir noch einige Erzählungen beſitzen [53])!

Man

51) In Gerberti Cod. epiſt. Rudolphi I. p. 246.
52) Ebendaſ. S. 214.
58) S. Erzehlungen hinder den Fabeln aus
den Zeiten der Minneſinger. (Zürch 1757.
8.) S. 241.

Man lieſt von ainem Kaiſer der rait durch
ainen wald und vand ain natter, die hetten
die hueter zuo ainen paum gebunden und
da er ſi erſach, do ward er von erparmung
uiberwunden, und lediget ſi und legt ſi in
den puoſen und wolt ſi da wermen: Und
da ſi nun erwermt was, da puiſs ſi in. Da
ſprach der Kaiſer, was tuostu? u. ſ. f.

Wie im vorigen Zeitraum, ſo iſt auch in
dieſem das Oberdeutſche oder noch eigentlicher
das Schwäbiſche die Hauptſprache geweſen.
Es erhielt ſich in dieſem Vorzug, weil es die
Mundart der Hohenſtauffiſchen Kaiſer war,
abermals von den Schriftſtellern am meiſten
bearbeitet, und endlich von Rudolf zur eigentlichen Kanzlei und Reichstagsſprache vollends
eingeſetzt wurde. Doch denke man nicht, daß
die andre Mundarten von allen vorzüglichen
Dichtern verſchmähet worden ſeyen, weil in
der

der Maneſſiſchen Sammlung alle Lieder, ſie
ſeyen von Ober= oder Niederſachſen, von De=
ſterreichern oder Baiern u. ſ. f. in der einzigen
ſchwäbiſchen geſchrieben ſind.   Sollten nicht
die Abſchreiber und Sammler der Gedichte
meiſtens ihre eigne Rechtſchreibung und Mund=
art unterſchoben haben? Wenn nicht immer,
doch oft.   Der fürtrefliche Möſer hat einige
alte Blätter errettet, worauf das ſchöne Klag=
lied des Herzog Heinrichs von Breßlau nieder=
ſächſiſch vorkommt ⁵⁴).   Und daß in dieſer,
und nicht der ſchwäbiſchen Mundart das Ur=
ſtück auch wirklich geſchrieben ſey, ſchlieſſe ich
nicht nur aus dem Alter jener Handſchrift,

                                    ſon=

---

54) Es und Theile eines andern Liedes ſtehen alſo
abgedruckt in der allgemeinen deutſchen Biblio=
thek Th. 37. S. 371. und 72. wobei die vor=
hergehenden Anmerkungen des Kunſtrichters
nachzuleſen ſind.

sondern besonders aus dem feinern Wohllaut
und der ungleich grösseren Richtigkeit des
Versmases in der niedersächsischen Mundart.
Diese Bemerkung ist bei Beurtheilung aller
Schriften aus diesem und dem künftigen Zeitraume von grosser Wichtigkeit. Wer sie aus
dem Auge läät muß irre gehen.

Jetzt erst können wir die Veränderungen
der Sprache näher und in Einzelen untersuchen.
Welches sind also die Puncte, worinn sie sich
zum Vortheil des Ausdrucks und der Stärke
anders gebildet hat, als sie in dem vorigen
Zeitraum gewesen ist?

1. Sie gewann an Wohllaut, Lieblichkeit, sanftem Tone. Wer da weiß, welche Eintracht zwischen Klang und Empfindung
ist, weiß, daß der Klang das Leidenschaft-
liche der Vorstellungen verstärkt, einzele Gefühle

fühle und Begriffe tiefer eindrückt, und auch
zusammengefügte Ideen faßlicher und behaltsamer macht, der muß diese Veränderung
als einen Hauptumstand ansehen. Gurgeltöne,
breite Schälle und harte Häufungen von Selbst-
lautern sind größtentheils verschwunden, und
dagegen ist ein angenehmes einfaches Milde ein-
getreten. Viele herrschende Töne als diu, liu
u. s. w. sind höchst lieblich; und die Silben
werden wohllautender abgewechselt, wie bisher.
Wohlklingender hat keines der vier folgenden
Jahrhunderte Verse gemacht, als die der
Winsbeckin und des Bruder Eberharts von
Sax sind.

   Ein wiblich wib mit zuhten sprach
   Zir tohter der si schone pflac
   Wol mich das ich dich ie gesach

        E   Gehor-

II. **Es entstanden neue Worte, neue Wortbildungen.** Ersteres leuchtet von selbst ein, wenn man bedenkt, daß der Ideenkreis des Volks erweitert und die Verbindung der einzelnen Theile Deutschlands grösser geworden war, also durch eine Mundart andere Landessprachen bereichert werden konnten. Wirklich ist auch der Wörterschatz dieses Zeitalters sehr beträchtlich. Scherz und Oberlin haben einen Theil derselben der Welt vor Augen gelegt; aber viele Quellen blieben diesen verdienten Männern unzugänglich, denn der Eifer sie zu eröfnen ist noch nicht nach Würden groß. Der gelehrte Schottiner und seine Gehülfen haben schon vor vielen Jahren zwey deutsche Wörterbücher aus dem 13. Jahrh. in dem Kloster Aldersbach 57) entdeckt, aber wie lange

wer=

57) Praef. ad Monumenta Aldersbac. in Monum. Boicis Vol. 5. p. 293.

werden wir auf ihre Ausgabe noch warten müſſen? Mehrere Beyſpiele hier anzuführen, ge-
ſtattet der Zweck der Abhandlung nicht.

Der neuen Wortbildungen ſelbſt gab es
mehrere Arten, die wir hier ſorgfältig aus
einander ſetzen; denn ſie brachten der Sprache
ungemein viel neuen Ausdruck, neue Stärke.
Man bildete

a) Zeitwörter aus Hauptwörtern. Die Geſchmeidigkeit der Sprache war wirklich damals hierin ſo groß, daß uns noch itzt ein
kleiner Neid nicht zu verdenken wäre. Wolf-
ram fragt: 58)

> Ainſore iſt dir bekant
> Wie man die zwelf ſternen nennet
> Und den ſi *houptent an*?
>
> Poppo

Poppo ermahnt den Ritter:

Wieb nah priſe hie und *ſchœtze* dort [59])

eben derſelbe wirft den Bettelmönchen vor:

Kliſſenheit die Got verbot

Du' iſt mit u gekrönet

Die treit nu geislich wete

Und *wiulſet* us des herzen tunſt [60]).

Hier bedeuten die ausgezeichneten Worte be‐
rühren, Schätze ſammeln, wolfsmäſig
handeln. Welche Kürze, welche Stärke,
welch ſinnlich maleriſcher eigenthümlicher
Ausdruck durch dieſe Bildungsart der

E 3

Spra‐

---

[59]) Ebendaſ. Th. 2. S. 233.

[60]) Ebend. Th. 2. S. 235. Ebendaſ. S. 212.
braucht Friedrich von Sarnenberg das Wort
brücken für Brücken ſchlagen:

> In Ungerlande uber Tuonowe tuſent
> ela lang
> Er *brugget* ane der linger dank
> Uber aht waſſer *bruggete* er dan.

Sprache also zu Theil ward, brauche ich
nicht mit mehrerem zu erweisen.

b) **Zeit - und Hauptwörter aus Beschaf-
fenheitswörtern,** von schön (beschönen
pulcrum reddere, von wiz weiß an Farbe,
wizen, einen Mohren überwizen an Weisse übertreffen. Der Marner singt von
Maria:

Din schöne git dem trone glast

Also das in dïn *Schöne überschönet.* 61)

Boppo von eben derselben:

Din lib mit manigen richen tugenden
ist gebertet

Du *überschönest* dort die himmel gar

Und hie diu Werlt! 62)

und Rinkenberg von Gott:

Der

---

61) Ebendas. Th. 2. S. 169.
62) Ebendas. Th. 2. S. 233.

Der hoehſten hoehe überhöher. 63)
Sind das Schlaken des Alterthums oder
nicht Goldſtücke gleich den Wörtern der
erſten Bildungsweiſe?

c) Zeitwörter aus Nennwörtern und
wieder aus letztern neue Hauptnamen.
Walter von der Vogelweide ſagt von Jeſus:

Swas er noch wunders ie begie
Daß hat er *überwundert hie.* 64)

Dieſe Vorſtellung deutlich auszudrücken,
brauchen wir jetzo vier Worte weiter. Bop‑
po ſingt vom Löwen:

Swie der ſtete *wundert.* 65)

und ebenderſelbe nennt mit ungemeinem

E 4 Nach‑

63) Ebendaſ. Th. 1. S. 186.
64) Ebend. Th. 1. S. 101.
65) Ebend. Th. 2. S. 231.

Nachdruck Gott den grossen Wunderer.
Reimar von Zweeter sagt gar:

> Diáe liute sind *gelandet* wol
>
> Die lant niht wol *geliuhtet.* [66])
>
> Die Leute sind mit guten Ländern ver=
> sehen,
>
> Die Länder nicht mit guten Leuten.

d) **Sittliche Verkleinerungswörter aus
grammatischen.** Wie wir Klügler, Ver=
nünftler u. s. w. sagen, so sagt Winsbek
Ziungelere, Velscheler, Züngler, Wä=
scher, Afterredner; Fälschler; Ruemser,
Prahler.

e) Durch blosse Veränderung des Hauptselbst=
lauters verwandelten sie die Zeitwörter;
Stieren in entpfrören aufgefrierend machen.

Mit

---

66) Ebendas. Th. 2. S. 151.

Mit Listen wird gewalt zerſtört

Recht als das fuir das *yſe enpfrüert.* ⁶⁷)

III. **Es begannen mehrere neue Wörter-**
verbindungen oder Einungsarten. Unſre
Minneſinger gebrauchten dazu nicht nur oft die
Wörtchen los und uiber , als

Sin *wolkenloſes* Lachen bringet ſcharpfen
ſnabel. ⁶⁸)

Wisheit und rates meiſterſchaft

Geſigent dik an *uiberkraft.* ⁶⁹)

d. i. beſiegen oft überlegene Kraft.

*

Wer im ſelber *uibertuot*

Mit hochfart, ſecht des tumber muot

E 5   **Wirt**

---

⁶⁷) Fabeln der Minneſinger. XV. S. 31. Ihr
Verfaſſer iſt, wie Oberlin und Leßing entdeckt
haben , Boner.

⁶⁸) Sammlung von Minneſingern Th. 1. S. 130.

⁶⁹) Boners Fabeln LXX. S. 168.

wirt vil schier geworfen nider. [70])

d. i. wer über seine Kräfte thun will.

*

Das schaf sach wol und marchte das

Das es gar *uiber zuiget* was. [71])

d. i. daß es mit Zeugen überstimmt
war.

sondern kühner ließen sie die Wörtchen von,
durch u. s. w. aus, und vereinten also ein
Haupt = und Beywort.

Er gie zuo eime berge datufo eine
burch stunt

Und soochte herberge so die *wegemüden*
tuoht [72])

d. i. wie die vom Wege Müden es thun.

*

Nu

---

70) Ebendas. S. 195.

71) Ebendas. Fabel XXXV. S. 67.

72) Liet der Nibelungen. (Berlin 1782. 4.)
Vers 1808. S. 24.

Nu wichent hunen rechen irlat mich
an den wint

Daz der lufte er chuele mich *sturme-
mueden* man. 73)

Weicht nun, Hunnische Riesen, laßt mich
an den Wind,

Daß die Luft mich vom Sturm ermü-
deten Mann kühle.

IV. Die Stuffen und Verschiedenheiten
der Gefühle und Vorstellungen wurden
in dem neuen Zeitraum weit feiner und
eigentlicher ausgedrückt. Der Satz ist bekannt, daß mit dem Reichthum feinere Auswahl der Wörter anfängt; ich muß aber dennoch einige auffallende Beispiele hiehersetzen.
Was die Schwäbischen Dichter mit riechen,
düften, ausdrückten, davor setzt noch Willeram

---

73) Ebendas. V. 7538. S. 93.

ram stinken. Salomons Geliebte läßt er
sagen: Zuich mih nah dir, so lofon wir in
demo. *flanke* dinero salbon [74], und an ei=
nem andern Orte: do begonde min salbuourz
mer unte mer ze *stinkenne* [75]. Hätte er
bey'm Pferdekot sich anders ausdrücken können?

V. Bildsamkeit und Geschmeidigkeit
überhaupt ward grösser, und eine ver=
nünftige Freyheit im Verschlucken, Aus=
lassen und Versetzen eingeführt. Das nun
einmal eingeführte Geschlechtswörtgen konnte
man hinter das Hauptwort oft zu sehr gros=
sem Vortheil setzen:

Vreude die ist erwachet. [76]

*

Gitikeit

_____

74) S. 3. nach Schilters Ausgabe. Tom. I.
Antiq. Germ.

75 Ebendas. S. 9. Vers 12.

76) Sammlung von Minnesingern Th. 2. S. 991.

Gitikeit die ſchiket das

Das fruint fruinde wird gehas. [77])

Da kam er für die porten verſchlozen

   im *diu* ſtuont. [78])

*

Einen Schilt vil veſten den nam er an die

   hant. [79])

Silben= und Buchſtabenverſchluckungen ſind häufig, aber ſelten ohne Wohllaut.

Das zwein iſt reht, daſt zenge drin. [80])

   Was zweyen recht iſt, das iſt zu enge dreyen.

Ihre Freyheit im Auslaſſen erſtreckt ſich ſehr weit, ſchadet aber der Verſtändlichkeit nie.

In

---

[77]) Boners Fabeln S. 10.
[78]) Liet der Nibelungen v. 1810. S. 10.
[79]) Ebendaſ. Vers 9104.
[80]) Winsbeck in der Sammlung von Minneſ. Th. 2. S. 251.

Im gemeinen Leben können noch wir bisweilen das Supinum auslassen, als ich gehe Holz hohlen u. s. w. bey den Minnesingern war es sehr gewöhnlich, wie es folgende aus dem Liede der Nibelungen gesammelte

Daz vorchte sie verliesen von gunthers man.

Das (Kind) fürchtete sie zu verlieren durch Günthers Männer.

*

Und si begunde sorgen wip und man.

*

Er bat der ser wunden vil guotlichen phlegen.

*

Man bat den degen kuonen wider zuo ir gan

*

Den eilte man do tauffen
Diesen zu tauffen eilte man.

und viele andre Beyspiele bezeugen. Aus gröſ-
ſern Redetheilen mußten ſich dies gefallen laſſen. Z. B.

Eis mals ein affe kam gerannt (an einen
    Ort)
Da er vil guoter nuiſſe vant. [81]
Der feurige König Wenzel von Böhmen ſingt
    ſogar:
Swas ie kein man zer werlte wunne en-
    phangen hat
Das iſt *ein wiht ich* was gewert. [82]
Alle Wonne, die je ein Mann in der Welt
    genoſſen hat,
Iſt ein Nichts (gegen die) deren ich ge-
    währt worden bin.

Auch

---

[81] Bouers Fabeln 1. S. 1.
[82] Sammlung von Minneſ. Th. 1. S. 2.

Auch in Ansehung der Vergleichungsstaf-
feln waren sie kühner und ungebundner. Zu
der dritten können wir nimmer das Wörtchen so setzen; die Minnesinger thaten es.

Ich lobe in, so ich *beste* kan.

sagt die Winsbeckin 83) von Gott, und der
Nibelungen Lied: 84)

— — — manige bette dach

Von arabischen siden, so si *beste* chun-
den sin.

d. i. Manche Betthimmel von arabischer
Seide, so kostbar als sie seyn konnten.
Richtiger und philosophischer ist die neuere Art,
dichterischer war die alte.

VI. Der Ausdruck überhaupt ward
sinnlicher, maletischer, stärker. Sie setzten

---

83) Sammlung von Minnes. Th. 2. S. 257.
84) V. 7048. S. 86.

ten die schönen Beiwörter bernd **) , blos,
bar, krank s. s. wo wir jetzt meistens voll,
ohne, gering, oder sonst sehr unsinnlich uns
ausdrücken.

Grottfrid von Reuffen sagt:

Nu ist die guote valsches bar
Nun ist die Liebe ohne falsch.

Boner:

Wiplicher êre was si blos
An weiblicher Ehre war sie nakt.

*

Aller fruinschaft stas du blos.

Winsbecke:

Du wirst selten tugenden kranc.

Ebenderselbe braucht dieses Wort auf eine sehr
malerische Art bey mehreren Gelegenheiten z.

F   B. ein

────────────────────────

**) Viele Stellen, worin dieses Wort kömmt s. in
  Scherzii & Oberlini Glossarium germ.
  medii aevi v. Berud.

B. ein *kranc* gewinn, wirt din lob niht von schulden *kränc.* Herr Stosch [86]) giebt dieses Wort für sehr allgemein aus; er scheint mir aber die sinnliche Art alter Sprachen nicht genug erwägt zu haben.

Ueberhaupt begegnen einem in den Minnesingern solche Ausdrücke und sinnlich starke Zeichnungen, wo die folgenden Zeiten ihr Unvermögen gestehen müssen, sehr häufig. Es braucht nur weniger Beyspiele. König Wenzel von Böhmen ruft im Feuer seiner Liebe aus: [87])

Ey wenne ich bilde mir ir zuht,

So wirt min muot an *froeiden also ma-
nigvalt*

Das ich vor lieber liebe niht gesprechen

mag.

Wins-

---

86) In der Berliner Monatsschrift 1783. S.

87) Sammlung von Minnesingern Th. 1, S. 2.

Winßbecke [88]) ermahnt seinen Sohn:

Sun wiltu zieren dinen lib
So das er *si ungefuege gram.*

und der junge König Konrad [89]) seufzet:

Was hilfet mich diu sumer zit
Unde die vil liehten langen tage
Min troſt ad einer frowen lit
Von der ich groſſen Kumber trage.

Wer will dieses in unsre gegenwärtige Sprache übersetzen, ohne die Sinnlichkeit, Kürtze, Stärke sehr zu schmälern? — In den Denkmälern der erstern Periode findet man ohnehin nichts dergleichen.

Dieß war ungefähr der Gewinn, den die Sprache in dem zweyten Zeitraum erhielt; dagegen mußte sie aber, wie es der Natur der

F 2   Sache

---

88) Ebendaſ. Th. 2. S. 252.
89) Ebend. Th. 1. S. 1.

Sache gemäß ist, auch wieder manches Vor=
züglicke verlieren.

1. Die Selbstlauter am Ende der
Wörter nehmen allzusehr ab, und ge=
ben in Mitlauter über. Besonders ist die
Bildung der Nennwörter aus Zeitwörtern
durch ida, zum grossen Schaden des Vollcons,
ausser Gebrauch gekommen. Der Prediger
aus dem 10. Jahrhundert nennt die Ver=
gänglichkeit unsres Leibes zigengida und die
Berührung Beruorida 90). Hievon in der
Minnesingerzeit keine Spur mehr. Rauhe
war freylich die alte Majestät der Sprache,
aber doch ehrwürdig und feyerlich, wenn ein
Othlo betet: 91).

Troh-

───────────────

90 Bey Ekhart in Comment de Francia
Orient. Tom. 2 p 945. & 948.
91) In Pezii Thesauro Anecd. T. I. P. I.
col. 417.

Trohtin almahtiger, tu der pift einiger
troft unta ewigiu heila aller dero, di in dih
gloubant, io uh in dib gidingant, tu inluih-
ta min herza; daz ih dina guoti, unta dina
gnada megi anadenchin, unta mina funta,
io uh mina ubila, unta die megi fo cblagen
vora dir, alfo ich bidurfi. Leski trohtin
allaz daz in mir daz der leidiga viant inni
mir zunta uppigas, unta unrehtes, odo un-
fubras, unta zunta mih ze den giriden des
ewigin libes: daz ih den alfo megi minnan,
unta mihi daranah hungiro unta durfti, alfo
is des bidurfi. Oder wenn Hanno's Befinger
fdreibt:

Oy wi di wifini clungin
   Da di marin cifamine fprungin
Herehorn duzzin,
   Beche blutis vluzzin

Der de diruntini diuniti

Di helli in gegine gliunte u. f. w.

fo tönt das noch voller und kräftiger, als alle Schlachtbeschreibungen, die wir in Veldeks Eeneidt lefen. Denn die Sprache des letztern ift nach der Ausgabe zu urtheilen, ein Werk des 14. Jahrh. ohngeachtet er zu Anfang des 13ten geftorben ift.

2. Unfere Sprache verlor durch die neuaufgekommene Einmifchung vieler franzöfifchen und andern Wörter. Es ift in der That fehr erfreulich, wenn man die Vaterländifche Denkart der Schriftfteller aus dem vorigen Zeitraume betrachtet. Sie quälten fich bei ihren Uebersetzungen lieber, als daß fie etwas fremde in ihrer Sprache einflick-ten 92): felbft den fchweren Ausdruck Subftan-

tia

---

92) Dies verfteht fich von den eigentlichen Ueber-fetzun-

tia gaben sie bald durch kiburt, bald ein and=
eres Wort deutsch. Die neuere Dichter hin=
gegen verschmähten oft mit wahrem Muthwill=
en einheimische Worte und setzten fremde da=
für. Einen Tanhuser und andern fahrenden
Sängern könnte man es verzeihen: sie wollt=
en sich vielleicht bei den Vornehmen durch den
Schein des Gelehrten stärker empfehlen, auch
dem Herzoge Johann, als einem Brabanter
kann man es nicht verargen, wenn er pense,
prisso un, plide u. s. f. für denke, Gefäng=
niß, fröhlich braucht; aber was soll man
sagen, wenn der Fürst von Anhalt 93) singt?

Ich sach die schönsten in den landen

Da man aller frowen muoz geswigen

F 4

Ic

───────────────────────────────

setzungen, denn in den Umschreibungen und
Erklärungen der Urstücke brauchen Notker und
Willeram viele lateinische Worte.

93) Manessische Sammlung Th. 1. S. 6. u. 7.

Ir ougen klar, ir wiſſen handen

· Swa ſi wonet dar muos ich iemer nigen

Mueſt ich bi der wolgetanen liebu kint

pronieren.

Und ein ganze naht bi ir *dormiren*

Ochy ja wer des alze vil

Mich begnuegte ſolde ich in ir dienſte

Den minneſang *ſchantieren.*

An ſich ſchadete zwar dieſer Unrath nichts; die Sprache warf ihn wieder von ſich: allein die eitle läppiſche Gewohnheit war doch Schuld, daß viele gute einheimiſche Wörter lange hintenangeſetzet oder gar verſtoſſen worden ſind, bis wir endlich, durch Bedürfniß gezwungen, ſie wieder hervorziehen mußten.

Drit=

Dritter Zeitraum.
Von
der Mitte des 14. Jahrhunderts.
bis zu Luther.

Der ritterliche dichterische Geist war es hauptsächlich, der die Sprache in dem vorhergehenden Zeitraum so mächtig erhoben, so sehr verfeinert hatte. Als er aus mancherley Ursachen, deren Kenntniß wir voraussetzen, vergieng, mußte auch die Sprache Veränderung erfahren.

Wirklich giengen auch, von einer Seite betrachtet, beede einen gleichen Gang. Jener welkte mit dem Beginnen des 14. Jahrhunderts; und diese verlohr allmählich Kraft, Kühnheit, Anmuth. Die meisten Stücke sind

F 5   un-

ungefähr, wie folgendes von Hornek 94), der
um 1309. geschrieben hat.

Von meiner chlainen Kunſt

nam ich mich an zu ſuchen

aus alten puchen

Chayſer Zal und Pfacht

und han daz ze Liecht pracht

Ze Teutſch von Latein

Als verre der Sinn mein

macht gezewgen.

So han ich ſunder lewgen

im chain hin lazzen

die an den gewalt ſazzen.

Des erſten in Aſſyria,

ze Chriechen und in Perſia,

Darnach in römiſchen Reichen

Unczan den Chaiſer Fridreichen.

Hier

94) Seine gereimte Chronik, woraus dieſe Stelle,
ſteht in Pezii Script. Rer. Auſtriac. Tom. 3.

Hier zwar singt er nicht von Liebe, aber wenn
er auch diesen Gegenstand behandelt, so ist es
dasselbe. Darauf schreibt er,

„ - geswaigt - - - ihn
„die Frau Mynn und sprach:
„Ottakcher! dir ist also gach
„Hinz mir zu Zurn
„waz dir in daz Gehurn
chumpt, daz rest du für dich
du strafst also ser mich
und lest mich nit zu red chomen u. s. w.

Die letzte Zuckungen des alten Dichtergeists
wenigstens in Ansehung des Flusses und Wohl-
lauts der Rede, zeigen sich gegen die Mitte
des 14. Jahrh. wie aus Teichners, eines damaligen Dichters, Arbeiten ⁹⁵) erhellt:

Mon-

---

⁹⁵) Abgedruckt in dem von Gottsched herausgegebenen neuen Büchersaal der schönen Wissenschaften Th. 6. S. 57. und 126.

Manger fait in Wunder groz
Daz ich fey ein lage ploz
Und fo vrömder Dinge var:
So fprich ich, daz pring ich dar
Als ein edel Koch fein fpeys
Tempern tut in manger weis.

So floſſen von einer Seite allmählich
ſchlimme Neucrungen zu, und ſpülten alte
Reitze hinweg. Aber zugleich kamen von einer
andern auch Reichthümer wieder Reede Ströme
vereinten ſich um die Mitte des 14 Jahrhunderts. Größe und Merkwürdigkeit machen
die Veränderung zu einer neuen Epoche, denn
die Sprache erhielt ein neues eigenes Gepräg.

Wer die bürgerliche und wiſſenſchaftliche
Geſchichte Deutſchlands in dieſem Jahrhundert
kennt, und die Eigenſchaften und Beſtimm-
ungsquellen der Sprache vor Augen hat, der
wird

wird sich zum Voraus ihre neue Gestalt und
die Veränderungen derselben im Vergleich mit
der vorigen denken können; aber bei wirklich=
er Erblickung der feinern Züge wird er viel=
leicht dennoch überrascht oder wenigstens wird
er von Neuem von ihrem Eigensinn, ihren
Besonderheiten überzeugt werden   Die vater=
ländische Dichtkunst, ihre theure Pflegerin,
ward von den Grossen und Edlen verstossen,
fiel unter Herolde, Handwerker, Landstreicher,
fand auf den hohen Schulen keine Beschützer,
sondern Verächter und thätige Verfolger. Sie
also hielt einen grossen Theil ihrer schönsten
Reize verborgen, — denn welcher Meistersäng=
er konnte sie hervorlocken? — und verlor sie
in dem neuen Lebensalter.

I. Die Lieblichkeit und Weiche des
Tons nahmen ab. Die härtesten Mit=
lauter pf, th, dt, ck, tz u. s. w. drängten

sich

sich herein ohne Recht und Fug. Statt des feinen Zischers s kam das rauhere sch; viele Töne überhaupt wurden verwiesen; viele überflüssige dafür aufgenommen. Die Verschlukungen sind nimmer fein, sondern hart widerwärtig und selten ohne Häufung rasselnder Mitlauter. Es sagt nicht nur z. B. das Buch der Kunst: ⁹⁶)

Der dritt thon d'pusanen bedeutt

sondern sogar der feinere, gebildete Sebastian Brand.

Denn d'Frowen hand lang Haer, kurz Sinn.

und Geiler von Keisersberg Lümbd vor Leumund, gloubt, hond, statt des alten han, worend für waren u. s. f. Ueberhaupt ist

der

---

96) Dieß sind keine Druckersabkürzungen, wie sonst viele vorkommen.

der allgemeine Eindruck, den der Klang der Minnesingersprache macht, gewiß dem Ohre ungleich angenehmer, als der folgenden Sprech= arten. Zur Probe vergleiche man eine Stro= phe aus jener Zeit:

> Sta billa mich den vvint anvveien,
> Der kumt von mines herzen Kiuniginne!
> Wie moeht ein luft so sueze draien,
> Ern vver al uht und uht vil gar ein minne?
> Do min herzevvart verdriben
> Das vvart von ir enthalten
> Doch vvunschte ich des Got muez ir eren
>   vvalden
> Ir miundel das ist rosen var
> Sold ich si küssen zeinem male so mueze
>   ich nicht alden. 97)

mit Versen aus dem Ende unsres Zeitraums:

Durchs

---

97) Sammlung von Minnesingern Th. I, S. 6.

Durchs Gläntz d'abg'leylt pluoſt tragend zeyt

Des himmels thor ſpert getz auff vvegt

Deſſ'n Kreyſs f huert hoh d'fevvr flackend

Sonn

Die ſchnëll drinn daucht, das Mhör laufft

umb. ⁹⁸).

Dieſe gröſſere Reinheit, Weiche und Fülle des
Tons iſt ſogar in den alten Urkunden hörbar.

Dieſe neue Ueberfüllung mit unnützen, gar⸗
ſtigen Buchſtaben hatte noch andre ſchlimme
Folgen. Vieler Wörter Urſprung und Ver⸗
wandſchft wurden unkenntlich: manche mögen
ſogar dadurch ihre wahre ächte Bedeutung ver⸗
loren haben.

II. Die⸗

---

98) Das Gedicht iſt von Müller herausgegeben
hinter Veldeks Eneïdt und dem Got Amor
S, 20.

II. Viele Vorzüge in Ansehung der Biegsamkeit, Stärke, Kürze und des malerischen Ausdrucks giengen zu Grunde. Die Bildung von Zeit — aus Renn- und Beywörtern, wie wiulfen, ziten, gesunden, überschönen u. s. w. kam ausser Uebung: und dergleichen Vorstellungen wurden also mit mehreren Wörtern d. i. schleppender ausgedrückt. Fast nie mehr ward das Geschlechtswörtchen hinter das Hauptwort gesetzet, welches sonst so grossen Nachdruck gab. 99) An Auslassungen ward gar nicht mehr gedacht. Die schönen sinnlichen Vorstellungsarten mit gram, bar, bernd, blos, kranc, die wir

G   oben

---

99) Einmal ist mir es noch in Johannes Rothe Thüringischer Chronik col. 1750. ap. Menken Scr. rer. Germ. Tom. 2. vorgekommen: aber die Vorsetzung steht sehr unschicklich daselbst.

oben angeführt haben, wurden verstoßen, und nirgends her kam dafür Ersatz.

III. Viele schöne Wörter und Wendungen giengen unter. Man findet in der Geschichte einer jeden Sprache, daß viele Benennungen im Strom der Zeit verloren gehen; aber daß wir in diesem Zeitraum so malerische, bedeutungsvolle, starke Ausdrücke wegstießen, zeugt gar zu laut von grosser Sorglosigkeit und Mangel an Gefühl des Schönen und Bedeutenden. Von den zahlreichen Beyspielen, womit man dieses erhärten kann, führe ich einige an.

Abenden, Abend werden, zeigt das Allmähliche so gut und kurz.

Alten, hieß nicht nur, wie noch jetzt, alt werden, sondern auch alt machen.

Anhaupten, mit dem Haupt anrühren.

Bar-

Barten, einen Bart bekommen. Mehr
dergleichen Bildungen sind häufig.

Beschönen, schönen, auch schön machen.

Fouge, Artigkeit, Geschmeidigkeit, Kunst
sich nach Gelegenheit und Person zu
biegen und betragen.

Gebuire, angenehm, nieblich, gerade recht.
Seinen Gegensatz, das Wort ungeheur,
haben wir allein noch.

Gefuoge, Geschick, Gewandtheit, auch ge-
wandt.

Gelinden, sanft werden, sich legen. So wag
gelint, wenn die Welle glatt wird.

Guoten, sich bessern, gut werden.
Wer von wiben nit enwirt
Betrogen, des Lob *guoten* wirt.

Hintersniden, hinterrucks verläumden, heim-
lich die Ehre abschneiden.
Der luite red ist mannigvalt

Die *hinterſnidet* jung und alt.

Huge, Freude, Erinnrung, in eren huge,
in Ehrenvollem Andenken. Daher das
damals auch verlorne Gehugniſs, Gedächtniß.

Louben, Laub gewinnen.

Swere, Traurigkeit, ſchweres Herz.

Der Vorſetzwörtchen, die man ehmals nach
Schicklichkeit gebrauchte oder wegließ, will ich
gar nicht einmal gedenken, da ſie nur für
feinere Dichter waren. 100)

Durch den Verluſt dieſer und mehrerer ähnlicher Worte ward die Sprache unſtreitig
ſchleppender, denn ſolche Begriffe mußten nun
mit mehreren Zeichen angedeutet werden. Was
die Minneſinger mit dur, durch ausdrückten,
gab man nun mit von wegen, um willen,
u.ſ.w.

---

100) Ein Verzeichniß davon ſ. in der Vorrede
zu den Proben der alten Schwäbiſchen Poeſie.

u. f. w. So sagt zum Beyspiel der alte Ue-
berseher des Terenz: 101)

    Die bytt ich allesampt hie entgegen
    Von aller unser schüler *wegen.*

    Eigentliche Entschädigung hat die Sprache
dafür nie wieder erhalten, und auch in neuern
Zeiten hat sie alle alte dichterische Jugendreize
nicht zurückrufen können; dagegen aber ward
sie in diesem Zeitraum mit neuen herrlichen
Eigenschaften ausgerüstet. Die Quellen und
Triebfedern dieses Wachsthums waren: grös-
sete Vereinigung aller Stände, Vermehrung
der Volksmenge, Bereicherung des menschlich-
en Geistes in allen Fächern der Kunst und
Erkenntniß, grösseres Bedürfniß der Sprache,
stärkere Uebungen ihrer Fähigkeiten und end

                S 3   lich

---

101) In Gottscheds Vorrath zur Geschichte unser
dramatischen Poesie S. 29.

lich zwo mächtig wirkende Erscheinungen, die
in der Mitte des 15. Jahrhunderts zu
sammentrafen. Ihre Folgen betrachten wir
genauer.

Der Gebrauch unsrer Muttersprache zu Gerichts - und Handelsgeschäften, zu Verordnungen, Gesetzen und Stadtrechten, ward von
Jahr zu Jahre häufiger. Zwar sind die meisten
in der schlechtesten Schreibart verfaßt, doch
finden sich auch in diesem wohlgewählte Worte,
wie z. B. in einem Obersächsischen 102) ge-
wandt für kunsterfahrne, fein, klug. Dieß
allein mußte sie schon reicher, mannichfaltiger,
bestimmter machen. Aber was bewirkten erst
die andre Versuche und Uebungen? Die Laien
waren um ein beträchtliches aufgeklärter. Man
schrieb und übersetzte also in allen Fächern,

beson-

102) In Siebenkees juristischem Magazin Th. 2.
S. 213.

besonders in der Geschichte, mit grossem
Fleiße in allen Mundarten, wie unzählige
Denkmäler es bezeugen. Auch hier sind die
meisten Werke schlecht, viele abscheulich geschrieben, wie selbst unsers Kaisers Friedrich III
Tagebuch; sogar die bessere, als Ebraus von
Wildenberg, Windeks, und andre, sind in
der Einkleidung sehr einförmig, denn das
war ihnen gerade das unwesentlichste; allein
müßte es nicht die seltsamste Eräugniß seyn,
wenn die Sprache dennoch im Ganzen genommen nicht hätte geschmeidiger, mannichfaltiger, reicher, genauer werden sollen? Sie
ward es auch wirklich und das um so mehr,
da sie bisweilen geschmackvolle sinnreiche Köpfe
fand.

Wer wird folgender Schilderung des Thü-
ringischen Landgrafen Ludwig VI das Lob einer sehr guten, kräftigen Prosa verweigern

G 4   wollen?

wollen? „Dieſer Landgraf Ludwig war gar
„ ein klarer junger Fürſt, ein lieblicher Jüng-
„ ling und einer ziemlichen Wanderung, eines
„ heiligens Lebens. Da er über ſeine blühende
„ Jugend zu einem vernünftigen Alter kam,
„ da war er zumal gütlich gegen einen Jeden,
„ denn ihm leuchteten alle Tugenden ein. Er
„ war von Leibe ein wohlgeſicherter Mann, nicht
„ zu lang, noch zu kurz, zumal mit ſchönen
„ Fürſtlichen Gebärden, in gnädiger Zuverſicht;
„ ſein Anſehen war frölich, ſein Antlitz ſäu-
„ berlich; und es war Niemand der ihn ſah,
„ er ward ihm günſtig. Er war verſchämt
„ mit ſeinen Worten, züchtig mit ſeinen Ge-
„ bärden, reinlich und keuſch mit ſeinem Leibe,
„ wahrhaftig mit ſeiner Rede, getreu in ſeiner
„ Freundſchaft; turſtig mit ſeinem Rath und
„ männlich in ſeiner Wüerſetzung; vorbedäch-
„ tig in ſeinem Geloben, gerecht mit ſeinem

Ge-

„Gericht, milde mit seinem Belohnen, und
„was man Tugende nennen kann, das gebrach
„ihm nicht. " — Und dieß sind doch genau
des Eisenachischen Mönchs, Johann Rothe's
Worte 103) nur von der stachelichten Einkleidung entladen   Hier sind sie nach der alten
Rechtschreibung : Deffir Lantgrafe Lodwig
waz gar eyn clarer jungir forfte, eyn liplich-
er jungeling, und eyner zamelichen wan-
derunge, 104) eynes heiligin lebins, Do her
obir fyne bluwindin jojunt zeu vornunftigen
aldir quam, Do waz her zeu male gutlichen
wedir eynin iclichin, wan yn eyne luchtin
alle toginde, her waz von libe eyn wol

G 5   gesicke-

---

103) in Menkens Scriptor. rer. German. Tom.
2. col. 1702.   Der Verfasser lebte in der
ersten Hälfte des 15. Jahrh.   Die Menkische
Handschrift ist übrigens von Abschreibern sehr
verderbt.

104) Diesen Ausdruck verstehe ich nicht recht.

geficketer man, nicht zcu lang noch zcu, korit, zcu male mit fchonen forftlichin ge-berdin, in gnediger zcuverficht, fin angefich waz frölich, fyn antlizce fubirlich, Unde ez waz nymant der en fach, her wonde eme gunftig, her waz fchemel mit fynen wortin, geczuchtig mit fynin geberdin, reyn-lich unde kufch mit fyme libe, warhaftig mit fyner rede, getruwe in fyner fruntfchaft, forftlich ^{105}) mit fyme rethe, unde menlich in fyme widirfatzce, vorbedechtin in fynen globedin, gerecht mit fyme gerichte, milde, mit fyme belonen unde was man toginde gefagin kan, der gebrach eme nicht.

Der Verfaſſer des Zeitbuchs, woraus dieſe Stelle gewählt iſt, weiß überhaupt ſeiner

Schreib-

---

^{105}) Muthig. Luther hat noch in dieſer Bedeu-tung durſtig, eigentlich turſtig.

Schreibart sehr belebende Wendungen zu geben; macht aber auf solcherley Versetzungen
zu sehr Jagd und fällt darüber bisweilen ins
Gezwungene. Mit Vergnügen wird man indessen einige gutgerathene Proben hier lesen.
Rechte ynnig, sagt er von der Landgräfin
Elisabeth, was zcu allin gezcitin er gebed
unde hatte gar grosse Kraft, wan God moch-
te er nicht vorsagin, wez sy en mit flisse
bad, Unda darum so sal man von den zcei-
ehin unde Kreftin eris gebetis wol etzwaz
sagin. [106] — Die Geschichte eines andern
Landgrafen fangt er also an: Sin sol nicht
vorgassin blibin, waz der hochgeborner vor-
nehmer forste, Lantgrafe Herman — lobe-
lichis und merglichis gatan had. [107] — Eine
andre folgender masen: Balde irhub sich
Lant-

---

[106] col. 1725. ap. Menken Tom. 2.
[107] Ebend. col. 1730.

Lantgrafe Conrad uz der ſtad Erfforte, uf
daz en der biſchoff von Mencze unde dy
ſynen icht hindirtin u. ſ. w. [108)]

Mehrere Beweiſe könnte ich noch auß dem
guldin ſpil und andern Schriften anführen;
es ſey aber an folgendem genug. Ich habe
ihn mit Vorbedacht auß einem in Sächſiſcher
Mundart geſchriebenen Zeitbuche [109)] gewählt,
denn man kann, nach angeſtellter Vergleichung,
ſehen, daß ſchon zu Anfang des 15. Jahrh.
dieſe ungleich ſanfter, reiner und flieſſender
war, als die Oberdeutſche. Nu hadir uch,
heißt es in einer Rede, leſtirlichin und unge-
truwelichin an ome, ſyner frowin der we-
tewen

----

108) Ebend. col. 1730.

109) Chronicon Thuring. in Schoettgenii &
    Kreiſsigil Diplom. & Script. Rer. German.
    Tom. I p. 95.

ȝewen und ſynen Kinden vorgeſſin; das wir
alle, dy das von uch vornemen, ſchemen
zcu horin; welch fromer man ſolde uch nu
yn ſyme herczin holt ſyn oder getruwe
vverde, der ſogetane untruvve irferit, dy ir
an uvvirm brudir, an ſyner vvetevven und
Kinder alſo untogintlichin begangin hat, das
frome luthe irbarmit: vvas her nicht uvvir
rechte Brudir? vvo hat her uch untruvve
bevviſt? vvas ſii uch nicht edil gnug? frome gnug, to gintſam gnug, das ir ſii alſo
ſchemelichin, alſo unforſtlichin, unbarm-
hercziglichen vorvvorffin, alſo eyne obilte-
tigern mit orin und uvvirs brudir Kinden
von uch getrebin had?

Dieſen Gewinnſt verſtärkten noch neue Ein-
flüſſe ungemein. Durch die Myſticker, die
Jünger der ewigen Weisheit und andre
religiöſe Geſellſchaften ward ſie gleichſam in
eine

eine neue Welt, die der innern Empfindung
gesendet, wo ihre Kräfte durch besondre Uebung und Anspannung bis zur Verwunderung
wuchsen. Sobald die menschliche Seele von
neuen, kühnen ausserordentlichen Gefühlen
und Vorstellungen durchdrungen ist, so fällt
sie auch auf gleiche Mittel, sie zu bezeichnen
oder hörbar zu machen; sie schaft neue Zusammensetzungen, neue Bildungsarten, trägt
das sinnliche kühn auf das unsinnliche über,
und weckt alle Kräften die ihr dienen können.
Zur Zeit der schwäbischen Dichter war die
Sprache zur Bezeichnung des Abgezogenen und
Unsinnlichen wirklich noch sehr arm. Muot
hieß ihnen Gemüth, Geist, Kühnheit, Laune,
und von Bildungen mit den Silben keit, heit,
die wir zu abgezogenen Vorstellungen brauchen,
findet man fast gar nichts. Freilich fand Bodmer auch diese Vorzüge an seinem schönen
Fund-

Fündlingskinde, der Minnesingersprache, und berief sich unter andern auf das Wort istekeit, welches, nach einer gewöhnlichen Zusammensetzung gemacht, Sein, Wesen, Beschaffenheit bedeuten sollte. Allein daß der Zusammenhang ganz wider seine Meynung streite, erhellt nun zum Ueberfluß aus Oberlins Entdeckung, [110] daß: listekeit statt istekeit gelesen werden muß. Die Stelle ist diese:

Wer das vvil sin das er nit ist
Sinnlistekeit im licht gebrist.

d. i. Wer das vorstellen will, was er nicht ist, dessen List gelingt es oft nicht. — Aber wie anders ward die Sprache jetzt? Man lese, dieses zu sehen, die Beschreibung, welche die

Nonne

---

[110] V. Bonerii Gemma. Supplementum ad Scherzii Philos. mor. German. medii aevi Specimina. Argentorati 1782. 4. p. 18. und Note a).

Nonne, Maria Ebnerin, [111]) von ihrem eignen
Leben hinterlaſſen hat, den Briefwechſel Heinrichs von Nördlingen [112]) und — dann Taulers Werke. Dieſe, alle in der Mitte des 14.
Jahrhunderts geſchrieben, ſind es eigentlich,
welche der Sprache den neuen Schwung gaben. Um ſo mehr will ich länger dabey verweilen, da ſie ohnehin Taulern ausgenommen,
von keinem der neuern hiehergehörigen Schriftſteller nur genannt worden ſind. Meiſter Heinrich
und die Ebnerin waren Myſtiſche Schwärmer;
jener war von geiſtiger Liebe zu ihr ſo durchdrungen, daß er ihr eine Schaale ſandte, um

für

---

111) Herausgegeben von P. Sebaſtian Schlett-
ſtetter zu Schwäbiſch Gemünd 1662.

112) In Iob. Heumanni Opuſcula quibus
varia jur. German. itemque hiſtor. & phi-
lolog. Argumenta explicantur. Norimber-
gae 1747. 4. p. 351 — 404.

für ihn die köftlichen Thränen aufzufammeln,
die fie im Zuftande der Entzückung weinte.
Ihre Unterhaltungen faft allein von dem be-
fchaulichen Leben, von der Vereinigung mit
Gott und dem Ausziehen alles Irrdifchen,
lauter Vorftellungen zu denen ihnen die gewöhnliche Sprache zu enge war. Daher die
neuen Worte Abgefcheidenheit, Beftandung,
Ingoffenheit, durchgoffen, ubergoffen, durch-
floffen, gotlüchtend und unzähliche andre, vorher nie gehörte. Auch gewöhnliche Vorftellungen drückten fie, wegen des Drangs der
Empfindung mit befondrer Stärke aus. „Damit, fchreibt Heinrich, traibt er mich mit
finen lemmern under die wolff, der mich
maniger grimmiglich *anzanet* und veintlichen
anhoenet. -- Im 56ten Briefe fagt er: Dein
lieblichen Antlaz, das von Brunft der myne
geklert ift und von licht der gnad wider-
lichten

lichten ift in das gebrech (Glånzen) der
hailigen Dryveltigkeit, da es ganz und fchon
das bild feins lieben bilders empfangen hat
in dem wolluft gotz, dich grüffet ein armes
Wirmlin. - - - Her hymelfcher vater, wann
ich aller menfchen unwirdigifter ufs dinem
herzen gefloffen bin geiftlich, und ich, du
mein herz lieb Iefu geboren bin ufs deiner
fytten fleifchlich und ich her got und menfch
mit ewer baider geift gereiniget bin meinig-
klich, darumb mit des gunft deiner meinen-
der barmherzigkeit fprich ich, das du hymelfcher vater bift mein herz und du mein herr
Ihefu bift mein leib und du her hailiger geift
bift mein *leben gebender* atem und du hailige
tryveltigkeit bift mein einige zuflucht und
mein evvige trüvv; (Trauen) dem antvvartt
got in der *innerhait des erhebten geift in gnad:
du bift ein gruntveftigung* meins göttlichen
fluffes,

fluſſes, du biſt *ainer meigdlicher beſtandung,* (conſtantia in Virginitate) - - - du biſt ain ſpiegel *der innwendigen anſchawung.* Ditz wart geben einer *hochgezogenen* ſele in got. — Und darumb muſs ich mich billich furchten, das der inner gümme (Schatz) *meins hertzen ſo unenpfencklich* (unempfänglich) *iſt des lieplichen wircken gotz.*

Hundert ähnliche Stellen könnt ich aus den nämlichen Briefen hieher ſetzen, aber der Raum ſey für beſſere Beweiſe, die Schriften Taulers, aufgeſpart. Dieſer Mönch, der 73 jährig im J. 1362 ſtarb, iſt uns bisher nur wegen ſeiner reinern Lehre im Predigtamt merkwürdig geweſen: er ſey es hinführo auch als ein beſondrer Bereicherer und Meiſter unſrer Sprache. Wie dieſe in Rückſicht auf das Unſinnliche und Mannichfaltige in der Schwäbiſchen Dichterperiode beſchaffen war, haben

wir

wir theils gehört und werden es theils noch
hören: jetzt laßt uns Taulern dagegen halten.
„Dieses zu begreifen, sagt er [113]) von der
„Gottheit, ist unmöglich, aber es ist mit Lieb
„und lauter meynung daran zu hangen. Da
„soll das gemüt schwingen uff in die Höhe
„der überwesentlicheit und steigen über alle
„nidere sinnliche ding, und ansehen daz got
„(der alle ding vermag) vermöcht diß mitt,
„daß er eyn creatur als (so) edel gemachen
„möcht, die der hohen wesentlichkeit seines
„wesens mit irer natürlichen verstenntnuß
„erlangen möcht oder bekennen (erkennen).
„Wann die tieffe des götlichen abgrundes ist
„vervölgig allen vernünfftigen dingen. Aber
„der tiefe soll man volgen mit einer vertieff-

„der

---

113) S. seine Predigten (Basel 1522. Fol.) Blatt
149. Es ist eine ältere Ausgabe davon vorhan-
den; ich habe sie aber noch nicht zu Gesicht
bekommen können.

„ter demütikeit." In solchen Schilderungen
fährt er weiter fort: „da wirt den menschen
„gegeben freiheyt des Geystes und über we-
„sentlich genad in erhebung des gemütes über
„alle bild und form, in einem erschwingen
„über alle geschaffne Ding. Hievon spricht
„S. Gregor: Sollen wir kommen in eyn ver-
„stentnuß unsichtiger Ding, so müssen wir
„übertretten die ding die sichtig seynd. Die
„leng, das ist, die ewigkeyt die keyn vor noch
„kein nach hat, wann es ist ein still un-
„wandelbarkeit, darin alle ding gegenwer-
„tig feind in einem stäten unwandelbaren
„ansehen sein selbs und in im alle ding gegen-
„wertiglichen. Dieser lenge sol der mensch
„volgen mit einem steten unwandelbaren ge-
„müte, mit einem innerfinkendem gemüt
„unwandelbarlich in got u. s. w. 114). An

H 3   einem

114) Ebendaselbst Bl. 153.

einem andern Orte ¹¹⁵) predigt er: „Wann
„der menſch ſich Gott ſoll geben, ſo ſoll er
„ſich in ein gruntloß willeloſigkeit geben von
„allem. Wenn der menſch iſt recht, als ob
„er dry menſchen ſey. Sein vihelischer menſch
„als er nach den Sinnen iſt, und ſein ver-
„nünftiger menſch und ſein oberſter gotför-
„miger, gotgebildeter menſch:“ — und
vom gleichen Gegenſtande abermal: „Wann
„der menſch mag von natur mer leyden dann
„wirken, mer nemmen dann geben. Wann
„eyn yeglich gab bereytet und wirdiget die be-
„gerung zu tauſentmal mer gaben zu entphah-
„en. - - - - Wann got iſt ein lauter wirken
„und der geiſt in im (ſich) ſelber ein lauter
„leiden.“ Noch kühner wird ſeine Sprache
bei andern Gelegenheiten ¹¹⁶). „Er iſt vil
„näher“

---

¹¹⁵) Ebendaſ. Bl. 161.
¹¹⁶) Ebendaſ. Bl. 164.

„näher" — ſagt er von Gott, da er von deſſen Verborgenheit handelt — „dann keyn
„ding im ſelber ſey, in dem grund der ſeel,
„verborgen allen ſinnen und unbekant in dem
„grund da er ynbringt mit allen krefften, fare
„über die gedanken deiner außwendikeit, die
„ſo ferr ir ſelber iſt und alle innwendigkeit
„als ein vihe das den ſinnen lebt und nit
„weißt noch ſchmeckt noch befindt. Und ver-
„birg dich in die verborgenheit vor allen
„creaturen und vor allem dem, das dem
„weſen ungleych iſt. Und diß ſol nit ſein
„in bildlicher oder in gedechtlicher weiß,
„ſunder in weſendtlicher weiß, mitt allen
„krefften und begerung über die ſynne in
„befindtlicher weiß. Dann mag der menſch
„anſehen die einöd der göttlichen eygenſchaft
„in der ſtillen einſamkeit, da nie wort in dem
„weſen, noch in weſentlicher weyß yngeſproch-

„en

„en ward, da ist es so still und so heymlich
„und so eynöd und kam darin nie frembdes,
„nie creatur, bild noch weyß. - - - Dise
„wüstung ist ein still wüst der gotheit, darin
„führt er alle die dieses gesprechens gottes
„sollen enpfengklich (empfänglich) werden
„nun in der ewigkeit. Und in die wüstung
„der stillen lebendigen gotheit trag deinen
„lären wüsten grundt - - - der da ist voll
„verwachsen unkrautes und ledig alles gu-
„tes. — „

Eben so vortreflich mahlt er die Neigungen
und Bewegungen des Herzens. Ich darf nur
weniges zum Beweise beybringen. „Du must,
„ruft er dem Sünder zu, aus deiner eigen
„wolgevellikeit, gutdunkenheit und eygen-
„willigkeit. „ — Fromme hingegen im Vergleich mit Gottlosen schildert er mit folgenden Worten: „Die rechten menschen seind
„geduldig

„gedultig zu allem verdruß und unrechten das
„Gott über sie verhengt; und lange zyt tragen
„sie das mitt ein fridsamen hertzen, und sanft=
„müthiglich sprechen sie senffte worte, und
„mit fridsamen hertzen pflegen sie sich gerne
„zu versönen mit den, die inen unrecht haben
„gethan. Aber die falschen seind so brinnend
„in zornigkeit, hessisch in ander glück, nach=
„redig, zweytrechtig und mißfellich uff ander
„laut, verworren in allen iren dingen und
„voll murmlens wider die obersten und nider=
„stem, die irem sinn nit volgen.“ — So war
unsre unsinnliche Sprache gleich in ihrem Ur=
sprunge beschaffen. Aber kein Nachfolger
leistete auch in diesem Zeitraum hierzu so viel
als Tauler. Wäre Raum, so würde ich seine
Verdienste darum weiter ausführen; so aber
begnüge ich mich mit wenigem. Er schuf oder
brauchte zum erstenmal eine Menge treflicher

H 5 Wörter,

Wörter, die nicht allein die Stuffen in Ideen
und Empfindungen genau bezeichnen, sondern
auch das Abgezogene schön darstellen. Zeugen
sind unter vielen ausgewählt folgende:

> Befindlichkeit, d. i. alles was vorhanden
> ist, alles Existirende. Wie treffend!

> Empfänglichkeit, unser Geist, sagt er, sey
> lauter Empfänglichkeit.

> Liebmüthigkeit. Der Hang gute oder
> Liebeswerke zu üben, ein feines Wort.

> Ungeschaffenheit, alles was nicht erschaff-
> en ist.

> Unversuchligkeit, der Zustand, wo wir
> noch in Kämpfen und Erfahrungen zu-
> prüfen sind. Wir nennen es jezt Un-
> versuchtheit.

Uebrigens muß ich noch in Ansehung seiner
Sprache bemerken, daß sie, so weit wir sie
aus den Ausgaben beurtheilen können, nimmer

gan,

ganz rein geblieben, sondern etwas ausge-
schliffen und erneueret ist. Wie nämlich die
Predigten Keisersbergs durch Heinrich Weß-
mer, so wurden die Taulerische ebenfalls von
Zuhörern nidergeschrieben und so allmählig
verändert. Doch sieht man aus den Schriften
der Ebnerin und des Meister Heinrichs, welche
beede Taulern ihren geistlichen Vater nannten,
daß der Grund der Sprache, die Ausdrücke,
unverändert geblieben und die Neuerungen sich
nur auf Buchstaben, Glättung u. s. w. er-
strecken.

Diese Uebungen im Ausdruck unsinnlicher
Dinge ward fleißig fortgesetzet. Man sieht es
zum Theil aus der Regel der Brüderschaft der
Jünger 117) der ewigen Weisheit und der
Menge

---

117) In Meißners Journal für alte Litteratur
und neue Lectüre 1783. Stück 1. und 2.

Menge der mystischtheologischen Schriften, ¹¹⁸)
die damals erschienen! Ein damaliger Schriftsteller bemerckt auch ausdrücklich: die termini
metaphysicales nähmen im Deutschen so
überhand.

Auf diese Art reifte unsere Sprache einem
höhern Ziele entgegen, da kamen zwo grosse
Erscheinungen, Wiederaufleben der alten Litteratur und Buchdruckerkunst. Jetzt wurde der
Geschmack mercklich feiner, und alle Kräften
der Sprache wurden aufgerüttelt, um sich im
Felde der Geschichte, Rednerey, Weltweisheit
und Dichtkunst mit der Lateinischen, bisweis-
len auch der Griechischen, zu messen. Was
thaten

---

¹¹⁸) Johannes Nyder zielt darauf, wenn er im
Formicario L. 3. cap. 6. (Argentorati
1517. 4.) sagt: Hic (haereticus) in eo-
dem statu & habitu *librorum subtilissimo-*
rum in nostro vulgari, ut vereor periculose,
conscriptorum stilum & modum loquendi
comptissimum & altissimum didicit etc.

thaten nur noch im 15. Jahrhundert die beæ
den denkwürdigen Männer Heinrich Steinhöwl
und Nicolaus von Wyla! Letzterer allein über=
setzte gegen 18 fremde Werke. Alle schönen
Muster, Denkmäler und Vorschriften geriethen
jetzt in stärkern Umlauf; die Sitten waren
ohnehin feiner geworden, die Kenntnisse größ=
er, die Gährung des Geistes feuriger; es
mußte also die Sprache von Jahr zu Jahr an
Ausbildung und Ausdruck zunehmen. Dies
bezeugt auch die Vergleichung der vielen Auf=
lagen der hochdeutschen Bibelübersetzung, die
vor Luther im Gange war. Fast immer sind
in einer folgenden allerley veraltete oder wenig=
er fein geachtete Laute, Buchstaben, Wörter
und Wendungen mit neueren — wenn schon
nicht allezeit glücklich — vertauscht. Größere
Beweise sind ungemein viele und Denkmäler,
besonders die Werke Geilers von Keisersberg,

Seba=

Sebaſtian Brands. Ihre Sprache, wenn ſchon des erſtern ſeine zu ſtark an der Elſäſſiſchen Mundart hängt, iſt in Rückſicht auf Ausdruck, Geſchmeidigkeit, Mannichfaltigkeit und Reichthum ſehr vorzüglich. Da ihre Schriften ſehr bekannt und erſt neuerlich zum Beweiſe meiner Meynung in vielen periodiſchen Blättern Auszüge daraus mitgetheilt worden ſind, ſo will ich nur wenige Proben aus ihnen und andern hieher ſetzen. Heinrich Steinheil [119] verdeutſcht im J. 1473 des Boccatio Erzählung von der Artemiſia alſo: „Arthemeſia iſt ain „küngin geweſen in Caria ains hohen ſtarken „gemütes, hailiger und über ſelczemer liebü „zu ierem gemahel, und ſo feſter küſchait in „ierem

---

[119] Die Ueberſetzung erſchien zu Ulm bei Zainer, in welchem Jahre wird nicht gemeldet. Den Vorbericht unterſchreibt aber der Ueberſetzer 1473.

„ierem witmen stant, daz ir gedächtnüß bill‑
„ich öwigs exempel den nachkommen und den
„witwen für gehebt würt." Ungefähr 30 Jahre
hernach überſetzte Dietrich von Pleningen die
Geſchichte Salluſts. ¹²⁰) Mit Fleiß will ich
eine ſchwere Stelle wählen, daß wir ihre
Macht oder Unmacht deſto genauer beurtheilen
können. Es ſey Cicero's herrliche, kunſtreiche
Rede wider den Catilina, denn dieſe hat unſer
Ritter ebenfalls ſeiner Ueberſetzung einverleibt.
„Wie lang doch Catilina (hebt er an) wiltu
„unſer gedult mißprauchen? Wie lang wirt
„uns dein unſinnlicheit verſpotten? an wöl‑
„lichs ortt wirt ſich dein ongezempt freffelich‑
„ait werffen? thut dich nichts die nächtlich
„behütung des platzes, nichts dy wachung der
stat,

---

¹²⁰) Hiſtoria Caii Criſpi Saluſtii u. ſ. w. durch
Dietrichen von Pleningen zu Schonbegk und
Eyſenhofen getheutſcht. Landshut 1515. Fol.

„ſtat, nichts die Forcht des pöfels, nichts die
„zuſammenlouffung aller guten, nichts dieſes
„allerſicherſten orts ratshaltung, nichts deren
„Monder und angeſicht bewegen? empfindſt
„du nit, daß deine Rathſchlag geoffenwart
„ſind? Sichſtu nit, wie dein conſpiracion in
„der aller Wiſſen gefangen? Was du die
„nächſten, die vordern nacht gehandelt, wo
„du geweſen, wölliche zuſammen berueft, was
„redts du beſchloſſen — wöllichen unter uns
„maineſtu ſollichs verborgen ſey? O Zeit, o
„Sitten! der Senat verſteet diſe ding, der
„conſul ſichts; noch dannoch lebt der, er lebt,
„ja auch kompt er in Senat.„

Allerdings bringt dieſe Ueberſetzung dem
Verfaſſer keine Ehre, denn ſie iſt ganz wörtlich; aber der Sprache bringt ſie, weil dieſe
auch im auferlegten Zwange gefällte, und ſich
ohne beſondre Verletzung ihrer Schönheit in

fremde

fremde Formen beugen ließ. Man ändre nur
wenige Worte, mildre die rauhe Mundart und
die Ueberſetzung iſt fürtreflich.

Nun dagegen in aufſteigender Linie eine
Stelle aus Sebaſtian Brand. [121] „Wenn man
„mich ſchelten und ſprechen wollte: Arzt heile
„dich ſelber, denn du biſt auch in unſrer
„Rotte, ſo weiß ich das und bekenne es Gott,
„nämlich daß ich viel Thorheiten gethan habe,
„und noch itzt im Narrenorden gehe; wie faſt
„ich an der Cappen ſchüttle, will ſie mich
„doch nicht ganz laſſen. Doch habe ich zu
„dieſem Ende Fleiß und Ernſt angekehrt und
„damit ſo viel gelernt, daß ich itzo viel Nar-

J   „ren

[121] Brands Narrenſchiff habe ich wirklich nicht
bey Handen. Ich nahm daher dieſe Stelle ſo
wie ſie Meiſter in ſeinen Beyträgen zur Geſchichte der deutſchen Sprache und National-
literatur Th. 1. S. 251. angeführt hat.

„ren kenne; ich habe auch Muth mich ob
„Gott will ferner mittelſt Witzes und der
„Zeit zu beſſern." Die ganze Welt, fährt er
„fort, lebt in finſtrer Nacht. Alle Straſſen
„und Gaſſen ſind voll Narren. Aus dieſer
„Urſache habe ich gedacht, Schiffe für ſie
„auszurüſten, Galeren, Fuſten, Kragken,
„Nauen, Barken, Kiele, Weidlinge, Hor=
„nachen, Rennſchiffe, daneben Schlitten,
„Karren, Roßbären, Rollwagen; denn ein
„Schiff möchte nicht alle die tragen, die jetzt
„in der Zahl der Narren ſind. Einige ha=
„ben gar kein Fahrzeug gefunden. Dieſe alle
„ſtieben um mich herum, wie die Immen,
„viele unterſtehen ſich zum Schiffe her zu
„ſchwimmen. Es iſt niemand, dem nichts
„gebricht; wer ſich hingegen vor einen Narren
„achtet, der iſt bald zu einem Weiſen gemacht;
„hingegen wer geſcheut ſeyn will, der iſt
„mein

„ mein Gevater Fatuns." Nur stimme man
den Begriff, den man durch diese schöne Prosa
von der damaligen Sprache bekömmt, durch
die Betrachtung, daß sie nicht ganz rein und
recht ist, um etwas herunter.

Diesen Gewinnst, den die deutsche Sprache
in dem dritten Zeitraum, von verschiedenen
Wegen her, erhalten hat, rechnen wir ietzt
genauer zusammen und verfolgen dann ihre
Schicksale weiter.

1. Sie ward ungleich reicher, im unsinnlichen und philosophischen überhaupt richtiger
und bestimmter.

2. Zu allen Arten von Einkleidungen, mit
Ausnahme im Dichterischen, geschickter; in
ihren Formen mannichfaltiger; in den Fügungen gewandter. Hierin mußten die Minnesinger, nach dem Geiste des Zeitalters zurück-

I 2   stehen

ſtehen. Ein Beyſpiel der mannichfaltigſten Fügungen und Verkettungen im Gebäude ihrer Redeſätze iſt folgende ſchöne Strophe, die ich interpunctirt hieherſetze.

> Ein Wib mag wol erlauben mir,
> Das ich ir neme in Trüwen war.
> Ich ger — mir wart ouch nie dü Gir
> Verhabt, — min Ouge ſuingen dar.
> Wie bin ich ſus Werulen Slaht!
> Si ſiht mein Herze in vinſtrer Naht.

Aber die neure Proſe übertrift dieſe Stelle an Geſchmeidigkeit im Einhalten dennoch. Proben zu geben bin ich überhoben.

3. In manchen ſogar richtiger. Die erſte und zwote Periode ſetzten vor die Hauptwörter, wenn ſie gleich ein Beywort mit ſich führen, ſehr häufig die Beziehungs- und Geſchlechtswörtchen der die das, ſein ſeine u. ſ. w.

Lange

lange konnte ich diesen widrigen Pleonaßmuß nicht glauben, biß mich endlich zahlreiche Beyspiele davon überzeugten. Einige davon muß ich wegen Sonderbarkeit der Sache beybringen. In der Cathechesis theot. [122]) auß dem 10ten Jahrh.

Ih glouba die unzalahaften siniu zeichen
Ich glaube die unzähliche seine Zeichen.
Ih glouba das diu sin heiligista sela
Ich glaube, daß die seine heiligste Seele.

in dem Lobgedicht auf den H. Hanno: [123])

Wer mohte geaelin al die menige
Die Cesari iltin in geginne
Die Caesarn eilten ihm entgegen.

in den Nibelungen.

J 3   Diu

---

[122]) Bey Eckart in Comment. de Francia Orient. Tom. 2. p. 936.
[123]) S. 19. nach Schilters Ausgabe.

Diu ir vil lieben ougen getrukenten.
nie [124)

Die ihre so liebe Augen trokneten nie.

Vil gar den minen willen sol ich im selbe

sagen. [125)

— — den meinen Willen soll ich ihm

selbst sagen.

Dieser Unfug wird in den Denkmälern des
dritten Zeitraums fast ganz unsichtbar.

4. Daß sie auch in manchem Betrachte
an Stärke gewonnen habe, sagt und erläutert
sich selbst aus dem Bisherigen.

5. Ein grosser Gewinnst, den ich unter
einem besondern Absatze mit Fleiß bemerke,
war der Anbau der verschiedenen deutschen
Mund-

---

124) v. 4741. S. 63.
125) Ebend. v. 4633. S. 62.

Mundarten. Aber er zeigte sich erst in dem
folgenden Zeitalter recht auffallend.

Man erwäge nun, da wir am Ende der
Periode stehen, alle gekommene Vorzüge, zugleich aber auch alle jene Gebrechen, die wir
oben entwickelt haben. Man bedenke daß
unsre Sprache damals sehr geringe geschätzt
wurde, daß gegen einen guten es hundert elende
Schriftsteller gab, daß jede Mundart nicht nur
mit ihren Schönheiten, sondern auch ihren
Häßlichkeiten sich hervordrängte, daß die Un-
arten von jeder Gattung ungeheur waren [126]
und sich wie ein Strom ergossen. — Und reißt
ein solcher nicht sehr oft alles mit sich fort?

J 4   Vier-

---

[126] Selbst Geiler von Kaisersberg sagt z. B. in
seiner Postille (Straßburg 1522. Fol.) 1. Th.
S. 13. Aber denen die do worlich an yn gloubt
habent und in lieb hond gehaben und ire
hoffnunge in yn gesetzt.

Vierter Zeitraum.

Von Luther bis Opiz.

Zum Glücke kamen Gegenwirkungen — ein mächtiger Antrieb zum Anbau der Sprache und ein grosser Geist — Luther. Als dieser die Reinigung der Glaubenslehre unternahm, sah er wohl: nichts würde schneller eine daurende Veränderung bewirken, als die Darlegung der H. Schrift in einer berichtigtern, reineren und schöneren Uebersetzung. Die Macht und Wichtigkeit der Sprache überhaupt kannte er: denn er hieß sie nur das **Schwert der Gedanken**; und bot daher alle Kraft und Geduld bey der Verdeutschung des göttlichen Buches auf. Aber welch herrliches Meister=

werk

werk auch erfolgt iſt, liegt aller Welt vor
Augen.

Nach Otmars Ausgabe vom J. 1507. lau-
tete die Rede Gottes in Hiob alſo: „Aber der
„herre antwurt job von dem windtſpreuel
„und ſprach. Wer iſt der, der da einweltzett
„die urtayl mit ungelerten worten. Begürte
„deine lenden als ain man, ich frage dich und
„du antwurte mir. Wo wareſt du, do ich
„ſetzet die grundtfeſte der erde. Zayge mir
„ob du habſt die vernunft. Wer ſatzt ir maß.
„ob du es erkanteſt oder wer ſtrecket über ſy
„die linien, auff die ire grundtfeſten ſeind
„geſterket. Oder wer leget iren winkelſtain.
„Do mich lobeten die mörgenlichen ſteren mit
„einander und jubilierten alle ſüne gottes.
„Wer beſchloß das möre mit den thüren, do
„es fürbrache all für geend von dem leybe
„do ich leget die wolken ſein gewand und do

J 5   ich

„ich es umbwickelet mit der tunklung als mit
„thůchen der kindheyt. Ich umbgabe es mit
„meinen enden und satzt den rigel und die
„thůren und sprach. Du kumpst untz her
„und du grest mit fůrbaß, unnd hie zerbrich=
„est du dein wůlend fluß. "

Nach Luthers Uebersetzung aber von 1541
„Und der Herr antwortet Hiob auß einem
„wetter und sprach. Wer ist der, der so felet
„in der weißheit und redet so mit unverstand?
„Gůrte deine lenden wie ein Mann; Ich will
„dich fragen, lere mich. Wo warestu da ich
„die Erden grůndet? Sage mir's, bistu so
„klug. Weissestu, wer ir das maß gesetzt
„hat? Oder wer über sie ein Richtschnur
„gezogen hat? Oder worauff stehen ire
„Fůsse versenket? Oder wer hat ir einen
„Eckstein gelegt? Da mich die Morgensterne
„mit einander lobeten und jauchzeten alle kin=

der

„ der Gottes. Wer hat das Meer mit seinen
„ Thüren verschlossen, da es erausbrach, wie
„ aus Mutterleibe. Da ichs mit Wolken kleid-
„ et und in tunkel einwikelt wie in windeln.
„ Da ich im den laufft brach mit meinem
„ Tham und setzet jm rigel und thür, und
„ sprach: Biß hieher soltu kommen und nicht
„ weiter, hie sollen sich legen daine stolze
„ Wellen. " 127)

Die Quellen, woraus er diese treflicke
Sprache schöpfte, waren vor ihm noch nicht
alle benutzt. Er sah, daß jede der beeden
Hauptmundarten ihre eigne Vorzüge hatte,
sammelte also aus beeden die Blumen und schuf
ein neues Deutsch — das Hochdeutsche. Dies
nämlich war und ist es noch — keine eigne
Mundart, sondern die Hauptsprache des gan=

zen

---

127) Genau abgeschrieben aus der Wittebergischen
Ausgabe bei Luft 1541. Fol.

zen Volks durch Schriftſteller und die feinere
Welt hauptſächlich aus dem Oberdeutſchen und
dem Meißniſchen ausgeſondert.

Anfangs war Luthern die oberdeutſche
Mundart nicht zu hart und ungeſchlacht, denn
er behielt ſie unverändert bey. Im J. 1523.
überſetzte er die Schilderung Leviathans: „Wer
„kan die kinbacken ſeines antlitz auffthun?
„Schröcklich ſtond ſeine zeen umbher, Sein
„leichnam iſt wie ſchilt, veſt und eng inain-
„ander, Ains rürt an das ander, das nit
„ain lüfftlin darzwiſchen geet, es hanget
„ainer am andern und halten ſich zuſamen,
„das ſy nit von einander gethan mügen werd-
„en. Sein nyeſſen iſt wie ain glantzends
„licht. - - - - Die ſchleuderſtain ſeind im
„wie ſtupfel, den hamer achtet er wie ſtupff-
„eln, er ſpottet der zitterden lantzen. Er kan
„auff ſcharpffen ſcherben ligen unnd legt ſich
auffs

„auffs scharpff wie auff kot. Er macht daß das
„tieff mör seudet wie ain hafen und rürets
„inainander wie man ain salb menget." ¹²⁸)

Die feinere Mundart streute er nur allmählig ein: viele oberdeutsche Härten, auch
andre Unrichtigkeiten besonders in Abwand-
lung der Wörter, hat er aber dennoch nie ganz
abgelegt, denn Sprache und Schreibart war
ihm nie Hauptsache. Man höre seine Verdeutschung der Klage Hiobs, wie er sie 1536.
drucken ließ. „O das ich were wie inn den
„vorigen Monden, inn den tagen da mich
„Gott behütet. Da seine Leuchte über mei-
„nem heubt schein und ich bey seinem liecht
„im finsterniß gienge, wie ich war zur zeit
„meiner jugent, da - - - - die stimme der
„Fürsten

128) S. Das dritte tayl des Alten Testaments.
MDXXV. fol. Blatt 19.

„Fürſten ſich verkroch und ire zunge an irem
„gumen klebet, denn welchs ohre mich
„hörete, der preiſete mich ſeelig. - - - Denn
„ich errettet den Armen, der da ſchrey. - - -
„Ich zubrach die baken zeene des Ungerechten
„und reis den raub aus ſeinen zeenen. Ich
„gedacht, ich will inn meinem neſte erſterben
„und meiner tage viel machen wie ſand.
„Meine ſaat gieng auff von waſſer und der
„taw bleib über meiner ernbte.″ 129). Aber
dennoch, welche Verſchiedenheit zwiſchen
der Sprache Geilers von Kaiſersberg:
„Denn wenn not infalt, ſo ſol man den
„ſchaz machen ſtill ſton und den armen helff-
„en

---

129) S. Wittenberger Ausgabe der Bibelüber-
ſetzung durch Hans Luft gedruckt 1536. Fol.
Aus den ſogenannten Apographis Lutheri
oder denjenigen ſeiner Werke, die unter ſeinen
Augen gedruckt worden, laſſen ſich hundert
ſolcher Fehler ſammlen.

„en uß der gegenwärtigen Not.   Dorumb
„wo man also zusammen sammlet, es syg
„(sei) in der spitalen oder sust, das man dor-
„nach über hundert jor die armen möge
„doruß erziehen und aber getz gegewärtig not
„do ist, ob man denn hett tusent gulden ge-
„sammlet, die man wolt anlegen zu der zit,
„so soll man domit still ston und in das houbt
„gut gryffen und den armen do mit zu statten
„kumen in solicher gegenwärtigen not." 130)

Luther ward vorzüglich durch seine Bibelübersetzung zum Vorbild und Muster in der
Sprache.   Aber auch seine andern Werke sind
in diesr Rücksicht so vortreflich, daß ihm
ohne jene Arbeit dieser Rang hätte zugestand-
en werden müssen.   Ueberall zeigt er sich als
einen

---

130) S. Geilers von Keisersberg Postill. 1522. Fol.
Bl. 4. 6.

einen wahren Kenner des gesammten Sprach-
schatzes: seine Zusammensetzungen und Wendungen sind mannichfaltig, neu und kühn
wie sein Geist; sein Ausdruck feurig und
stark wie seine Empfindungen und Leidenschaften. Gewiß, jeder unbefangene Leser wird
des alten Schottels [131] Urtheil unterschreib-
en: „Die vierte Denkzeit in unsrer Sprache
„sagt er, wird mit Luthero einfallen, der
„zugleich alle Lieblichkeit, Zier, Ungestümm
„und bewegenden Donner in die deutsche
„Sprache gepflanzet, die rauhe Bürde in vie-
„len ihr abgenommen, und den Deutschen
„gezeiget, was ihre Sprache, wenn sie wollt-
„en, vermögen könnte.“ Alle seine Schriften
„enthalten Beweise hievon und ich ergreife

die

---

[131] Ausführliche Arbeit von der deutschen Hauptsprache (Braunschweig 1663. 4.). 3te Lobrede
S. 49.

die nächsten die besten, um es daraus mit wenigen zu zeigen.

In der Predigt [132]) gegen den Wucher
sagt er: „des gleichen muß geschehen in allen
„andern Lastern, wenn verbiethen nicht helff-
„en kan, sondern darüber einreisset, so muß
„man mit Gewalt steuren. Als zu Hertzog
„Wilhelms zeiten, war sein Adel so überaus
„stolz worden, das sie den Landsfürsten
„pochten, Land und Schlösser zu trotz
„inne hielten, da mußte er mit gewalt
„sie verjagen, Schlösser zustürmen und
„zureissen.“

„Euch Pfarrern, fährt er fort, schreibe
„ich solches allermeist euch ewers Ampts zu
„errinnern. Denn ich sonst an der sachen

K   „fast

132) Wittenberg 1540. 4. Der Rechtschreibung
wegen führe ich die Worte nach dieser Origi-
nalausgabe an.

„faſt verzagt habe, auff daß wir doch unſer
„Gewiſſen erretten und nicht mit frembder
„ſunden zur Hellen uns beſchweren, auch das
„es Wucherer wiſſen müſſen, ob etliche unter
„inen ein Gewiſſen kriegen und ir verdampt
„weſen, ſo wider Gott, Recht, Vernunft
„und Natur tobet, erkennen wollten. —
„Aber wie? (wirft er bald darauf ein) wenn
„der Fall fürkeme, daß etwa alte Leute, arme
„Widwen oder Waiſen oder ſonſt dürftige
„Perſonen, die bis daher kein andere Narung
„gelernt, hetten im Handel ein Tauſent floren
„oder zwey. Und ſolten ſie davon laſſen, ſo
„hetten ſie ſonſt nichts und müßten die hand
„am Bettelſtab wermen.“ — Nach Be-
antwortung dieſer Frage ſtrömt ſein Eifer
alſo weiter: „Es haben auch von anfang und
„allezeit wider den Wucher viel feiner Men-
„ner hefftiglich geſchrieben, wie die Wucherer
„plötz-

„plötzlich, schrecklich ſind untergangen mit
„grewlichen Exempeln. Und gehen die Sprüche
„in allen Sprachen. Male partum, male
„digerit. Daneben auch teglich für augen
„ſichtliche, greifliche, ſchmeckliche, riech-
„liche, hörliche und aller ſinnenweiſe er-
„weißliche Exempel, das unrecht Gut drühet
„noch erbet nicht. Und iſt noch kein unrecht
„Gut auff den dritten Erben kommen. Hiezu
„ſtimmt nu die Schrift mit eitel donner
„und helliſchem Fewr, das ſie Gott wolle
„ausrotten im dritten und vierden Gelid.
„Noch ſolchs alles unangeſehen, gehen die
„Götzendiener, Wucherer, Geitzwenſte dahin,
„blind, verſtockt, wahnſinnig, toll, thöricht,
„beſeſſen, raſend und thun gleichwol dawider
„wiſſentlich.“ —

Sogar in ſeinen ſo flüchtig und eilig geſchriebenen Briefen iſt die Schreibart in Rück-

ſicht

sicht auf Reichthum der Worte und Wendungen, auf Mannichfaltigkeit und Stärke meist-
erhaft. Im Scherze schreibt er [133]) den auf
den Reichstag nach Augsburg gezogenen Sala-
tin von den Dolen und Crähen, die sich vor
seinem Fenster versammelt hatten: „Da ist
„ein solch zu- und abreuten, ein solch Geschrey
„Tag und Nacht, als wären sie alle trunken,
„voll und toll; da geht jung und alt durch-
„einander, daß mich wundert, wie Stimme
„und Odem so lang währen können und möchte
„gerne wissen, ob auch solches Adels und rei-
„sigen Zeuchs auch etliche noch bey euch wär-
„en. — Ich habe ihren Kayser noch nicht ge-
„sehen, aber sonst schweben und schwänzen
„der Adel und grossen Hansen immer vor
„unsern Augen, nicht fast köstlich gekleidet,
son-

133) Strobels Sammlung einiger auserlesenen
Briefe Luthers. Nürnberg 1780. 8. S. 47.

„ſondern einfältig in einerley Farbe alle gleich
„ſchwarz und alle gleich grauaugig, ſingen
„alle gleich einen Geſang, doch mit lieblichem
„Unterſchied der alten und der jungen, groſſen
„und kleinen. Sie achten auch nicht der
„groſſen Pallaſt und Saal, denn ihr Saal
„iſt gewölbet mit dem ſchönen weiten Him‐
„mel. Ihr Boden iſt eitel Feld, getäfelt mit
„hübſchen grünen Zweigen. So ſind die
„Wände ſo weit als der Welt Ende. Sie
„fragen auch nichts nach Roſſen und Harniſch‐
„en, ſie haben gefiederte Räder, damit ſie
„auch den Büchſen entfliehen und ihren Zorn
„entſitzen können.‟

In einem Dankſagungsſchreiben ¹³⁴) drückt
er ſich aus: „Aber lieber Richter Antoni, war
„es denn nicht genug, daß ihr mein Bitten

K 3   „und

─────────────────

¹³⁴) Ebendaſ. S. 98.

„und Vorsprach höretet, und mir von eurer
„Liebe und Willfährigkeit tröstliche Zeitung
„thatet? Mustet ihr auch meiner Person noch
„mit Geschenk eingedenk leben?. und gar mit
„einer ganzen Kuffen Torgschen Biers eures
„Gebreues? Ich bin der Gutthat nicht werth,
„und ob ich schon weis, daß ihr nicht arm
„seyd, sondern daß euch Gott mit Gütern und
„Fülle gesegnet hat; so hätte (doch) lieber
„gesehen: ihr hättet das Bier euern Armen
„verschenket, die euch mit ihrem Gebet mehr
„Seegen gebracht zusammen, als der arme
„Martinus allein. “

Hingegen im ersten Tone schreibt ¹³⁵) er
an den sächsischen Kanzler: Ich gedenke eine
„öffentliche Schrift an die Fürsten dieser
„Sachen halben zu thun. Aber mein Schrei=
„ben

„ben ist nichts, und bald in Winkel geworffen,
„wo ihr nicht mit lebendiger Hand in der
„Höhe herunterwehret, wie euer Amt und
„Befehl fordert; (denn) wie manche Weise
„kan der Teufel Verderben anrichten? Will
„uns der Türk nicht fressen, die Pestilenz nicht
„aufräumen, der Kayser nicht dämpfen;
„müssen wir uns selbst fressen, aufreiben,
„verderben durch Geitz und Wucher. Gott
„erbarme es, oder wo das nicht hilft, so
„schlage der jüngste Tag darein."

Uebrigens haben auch andere Umstände,
vorher und zugleich, zur weiteren Bildung
unserer Sprache geholfen. Größere Kenntniß
der alten Schriftsteller, Verfeinerung des Geschmacks nach allen Theilen, dringendere Noth-
wendigkeit sich bestimmt und bündig auszudrücken, Erweiterung aller Wissenschaften und
Kenntnisse mußten von grosser Wirksamkeit

K 4   seyn.

seyn. Besonders scheint mir die eifrige Bearbeitung der deutschen Geschichte viel Gutes
veranlaßt zu haben. Trittenheim, Aventin,
Peutinger, Cuspinian u. s. w. flößten mit der
Bewunderung der Vorfahren zugleich, oft
auch nur mittelbar, Achtung der Muttersprache
ein. Wie stark drang nicht Agricola aus solcherley Gründen auf ihre Ausbildung!

Es kan nicht unangenehm seyn, den wirk-
lichen Fortschritt an verschiedenen Denkmälern zu betrachten: in dem Reichsabschiede zu
Freyburg 1498. heißt es §. 39. [136) „Item
„Handtwerksleut und ir Knecht, auch sunst
„ledig Knecht, sollen kein Tuch zu Hossen oder
„Kappen tragen, des die Ele über drew Ort
„eins Guldin kost; aber zue Röcken und Män-
„teln sollen sye sich innländischen Tücher, der
„die

136) Nach Senkenbergs Ausgabe Th. 2. S. 48.

„die Ele nit über ein halbin Guldin koſt,
„benügen laſſen.“ Hingegen in dem von
1530. [137] „Darauff ſo ſetzen, ordnen und
„wöllen wir, daß der gemeine Bürger, Hand-
„werker und gemeine Krämer kein Gold, Sil-
„ber, Perlin - - oder dergleichen köſtlich
„Futter tragen, ſonder ſich mit ziemlicher
„gebührlicher Tracht, auch von rauhen Futtern,
„mit geringen Möſchen, Füchſen, Iltes,
„Lämmern und dergleichen begnügen laſſen
„ſollen.“ Mit Fleiß habe ich dieſe Proben
hieher geſetzet, weil an Aufſätzen dieſer Art
die Veränderungen der Sprache ſich ſonſt nicht
bald und merklich zeigen. Aber jetzt zu andern.

Auf Begehren des verdienten Johann von
Schwarzenberg überſetzte ſein Caplan Johann
Neuber im J. 1530. Cicero's Werk von den

K 5 Pflicht-

───────────

137) am ang. Orte S. 336.

Pflichten: das ist wie er es ausdruckt, „von
„den tugentsamen ämptern oder von gebür=
„lichen Werken. " ¹³⁸) mit welchem Glücke
und welcher Kunst, mag man selbst beur=
theilen aus folgenden Proben. „Aber alles
„das erbar ist, entspringt auß der nachge=
„melten vierteil eynen, entweder es wonet
„in der beschawung der verstentlichen warheyt
„und fürsichtigkeyt, oder in der beschirmung
„menschlicher gesellschaft, einem yegklichen zu
„geben, das sein ist und in allem handel
„glauben zu halten. Oder man findet das in
„der groß und sterk eines hohen und unüber=
„windlichen gemüts, auch in allem dem, das
„nach rechter ordnung menschlich und beschei=
„den=

---

¹³⁸) Gedruckt zu Augspurg bey Steiner MDXXXI.
fol. Bl. 4. Ich habe noch eine andre Ausgabe
ebendas. MDXXXVII. fol. vor mir : sie
kommt aber durchaus mit der erstern überein.

„denlich geschieht. Und wiewol solche vier
„tugend undereinander verflochten und verhefft
„sein, so wachsen doch auß yr yegklicher sond‑
„erliche geschlecht der gebürlichen werk. Als
„nemlich auß dem teyl der erbarkeit darinnen
„wir die weyßheyt und fürsichtigkeit setzen,
„wird die erfarung und findung der warheyt
„eyner yeden sach begriffen. Und diese gab
„ist eygen solcher tugent.‟ —

Merkwürdiger noch sind die Schriften
Sebastian Franks von Wöhrd, eines warmen
Anhängers Taulers. Ungeachtet er um die
Schönheit der Sprache sich nicht kümmerte,
so schrieb er sie dennoch in einigen Theilen als
ein wahrer Kenner. Gewiß zielt Leibniz auf
ihn und sein Vorbild Taulern, wenn er im
Bedenken, die Verbesserung der deutschen
Sprache betreffend, sagt:[139] „Zwar ist nicht
„wenig

---

[139] §. 14. Tom. VI. Operum Parte 2. p. 12.

„wenig Gutes auch zu diesem Zweck in denen
„geistreichen Schrifften einiger tiefsinnigen
„Gottesgelehrten anzutreffen; ja selbst dieje-
„nigen, die sich etwas zu den Träumen der
„Schwermer geneiget, brauchen gewisse schöne
„Worte und Reden, die man als güldene
„Gefässe der Egypter ihnen abnehmen, von
„der Beschmitzung reinigen und zu dem recht-
„en Gebrauch widmen könnte. Welchergestalt
„wir den Griechen und Lateinern hierin selbst
„würden Trotz bieten können." Frank verstand
es sehr gut, wie neue genau bestimmte Wörter zu bilden und unsinnliche Ideen mit Nachdruck zu bezeichnen sind. „Hie erwig, schreibt
er, ¹⁴⁰) was unser will kunst und wissen
„ist,

---

¹⁴⁰) Im Aufsatze vom Baum deß Wissens Gut
und Böß, der als Anhang seiner Uebersetzung
des theur und künstlich Büchlin Morie Enco-
mion von Erasmo Roterodamo. (Ulm in 4.
ohne J) beygefügt ist. Blatt 124.

„ift, damit wir so hoch daher fahren und
„brangen, ja für Gott zu kommen vermainen,
„so es doch nicht dann der laidig Todt ift,
„und ain frucht des verbotnen bawms. Wer
„ift izt under allen Menschen, der diß wiß,
„der seinen willen, anmut *) und wiz lerne
„verleugne, außziehen, förchten, tödten, ver-
„kochen? Ja wol verkochen. Wir hanen und
„heben diß allein auff, wie fein goldt und
„das

---

*) Hr. Adelung behauptet im umständlichen Lehr-
gebäude Th. 1. S. 31. Anmuth sey unge-
schickt nach dem lat. amoenitas gebildet word-
en, als wenn dieses von mens käme. Allein
es bedeutete, wie aus Scherzens und Oberlins
Glossarium zu sehen, ehmals Verlangen,
Neigung: und in diesem Sinne braucht es
auch Frank hier in seinen Paradoxa §. 23.
Bl. 18. und sonst häufig. Anmuthig hieß
ehmals alles, wozu man Verlangen, Neigung
hat, stammt also von Muth nicht amoenitas
her.

„das ewig leben, welches doch der ewig Tod
„ist."

In der nämlichen Schrift drückt er sich
über das Verderben der Menschen weiter also
aus: „Nu aus diesem magstu leichtlich schliess-
„en, was des natürlichen menschen witz,
„frumkait und kunst sei — freilich eittel todt,
„thorhait, sündt und gotsfeindschaft, weil
„alles flaisch im gegentail Gotes ligt und mit
„dem Teuffel laicht, *) ganz seiner art,
„wesens, willens und geburt, ja sein blut
„und flaisch, das sie nicht dann wie sein vat-
„ter Gotes feindt ist, nichts götlichs ver-
„stehen kan, alles sein wil on got, ja sein
„selbs got sein und alles sich annimpt, das
„gotes ist, wie Adam und Lucifer ir Vater.
„Diß sind eittel frücht des verbotnen baums.
„Der Christ aber ist aus gott geborn, eitt-
„el

*) Von der Kröte hergenommen.

„el gaiſt und leben, ganz göttlicher art und
„nicht dann ein geſpürr und außdruck
„gottes, ia nichts dann ein ſichtbarer leib-
„licher gott, der mit gott veraint, aller-
„ding ſeiner art iſt, leibgirig, gemainnützig,
„on alles annemen, wie got frei, ſtark,
„on aigenthumb, verſucht, gallen u. ſ. w.

Ferner ſchreibt er daſelbſt: 141) „Der
„hat des Weibs ſamen neben der Schlangen
„ſamen zu kampff in uns gelegt, ia ſein gaiſt,
„finger, wort und Bild inn uns geſteckt, ſein
„wort und Gaiſt in uns mit flaiſch beklaidet
„und mitten under die feind in des flaiſch
„hütten, gefangen gelegt, das er ſolt ſigen,
„obligen und das widerſpenig flaiſch abgetödt
„mit ſich in Got bringen, einleiben, vergot-
„ten. Und diß iſt der kampf des gaiſts und
„des flaiſch in uns, von dem Paulus ſaget!
„Wer

---

141) S. 149.

„Wer nun dem Hailigen gaist sich ließ und
„auß got heraußbochet, als aus ainem not-
„festen schloß, in dem würde Gott gewiß
„sigen und obligen." Sonst braucht er noch
viele Worte, welche selbst der heutige philo-
sophische Sprachgebrauch noch nicht verbessern
konnte als Spizfindigkeit, selbstständig,
zeitlos, begirdlos u. s. w. — Vielleicht
wäre es angenehm, wenn ich auch aus Albrecht Dürers Werke und der Styffischen
als der ersten deutschen Uebersetzung Vitruvs
Proben hie einrückte, um die Entstehung und
das Wachsthum eines Theils der Künstler-
sprache sehen zu können, allein die enge Grenzen der Abhandlung verstatten es nicht.

Doch müssen wir einer andern Verbesserung und Außbildung der Sprache hier gedenken, ich meyne ihre poetische und gram-
matische Bearbeitung. Fabian Frangk, Ma-
gister

gister der freyen Künste und Bürger in Bunz-
lau gab schon 1531 zu Wittenberg heraus

„Orthographia, deutsch, lernt recht buch-
 stábig
„Deutsch schreiben. 8.

Bald darauf, nämlich 1537, ließ Valentin
Ickelsamer eine deutsche Sprachlehre zu Nürnberg drucken, die sich aber nur über Rechtschreibung und Wortforschung ausbreitet. Auch
Paul Rebhuhn arbeitete an dergleichen Werken,
wiewohl keines im Druck erschienen ist. Zum
Beweise, daß dergleichen Bemühungen auch,
gleich Anfangs nicht fruchtlos geblieben sind,
will ich einige Verse des genannten Rebhuhns
abschreiben.

Ihr Herren, hochs und niedrigs stands
 zugleiche
Alt oder jung, gewaltig, arm und reiche!

     L   So

So jemand sich verwundert und gedächte

Was ich daher mit den personen brächte.

Sind das nicht richtigscandirte Jamben und

folgende eben solche Trochäen?

Hab itzt abermal besehen

Wie mein Korn im Feld thut stehen:

Will mir noch nicht recht behagen

Denn die andern Aecker tragen

Neben mein viel schöner treide,

Welchs mir ist ein grosses Leide. [142]

So schlecht hier und in den vielen andern
damaligen Schauspielen die Dichterey auch ist,
so beförderten diese Versuche dennoch den Reichthum und die Bildung der Sprache sehr, wiewohl nur allmählich. Wie stark sie getrieben
wurden, ersieht man aus Gottscheds Vorrath
zur Geschichte der deutschen dramatischen Dichtkunst und andern Schriften.

Nach

---

[142] S. Gottscheds Vorrath S. 67 und 68.

Nach Luthers Tode geriethen die Theologen,
der beträchtlichste Theil der Gelehrten, in
schwere Streitigkeiten, über welchen die weitere Bildung der Sprache versäumt ward. Ihre
wichtigsten und besten Schriften schrieben sie
in der lateinischen, und dadurch blieb die
deutsche immer in einer Art Verachtung: trotz
dem rückte sie dennoch im Ganzen weiter, denn
ihre Bearbeitung in Predigten und Erbauungs-
büchern allein war schon von grossem Nutzen.
Die Würde der Kanzel machte doch auf feine
Auswahl der Worte und Redensarten aufmerksam; Herzlichkeit und Inbrunst des Redners
gaben der Sprache Kraft, Stärke, Mannichfaltigkeit, und die Gegenstände selbst verlangten
oft genau bestimmte Namen vielerley Ausdrücke,
mancherley Wendungen.   Meines Wissens
findet man zwar in keiner theologischen Schrift
dieses Zeitraums, Luthers ausgenommen, diese

Vor-

Vorzüge vereiniget an, aber doch ist diese Eigenschaft leichtlich in diesem, eine andre in
einem andern Werke zu finden.

Auch die Aerzte, Rechtsgelehrten, Welt-
weisen und Geschichtschreiber bedienten sich
meistens der lateinischen Sprache in ihren
Büchern: denn in dieser hatten sie die Begriffe empfangen: die Kunstwörter waren darin bestimmt, die Unterscheidungen geläufiger —
und das Ganze hatte in diesem Kleid ohnehin
in aller Augen eine würdigere Gestalt. Unbefangene Männer sahen freilich aus der Natur
der Sprache und Luthers Werken, was sie in
einer Meisterhand vermögen könnte und aus
welchen Quellen neue Stärke und neuer Ausdruck zu schöpfen sey. Valentin Ikelsamer sagt
z. B. schon: „Es kann kaum ein lieblicheres
„Ding seyn, als in der Etymologia & com-
„positione, d. i. in der außforschung und ver-
doppe-

„doppelungsart unſerer deutſchen Wörter:
„Aber es iſt ſogar in Unbrauch, Unverſtand
„und Vergeſſenheit kommen, daß ich glaube,
„daß nicht eine Nation ſey, die irer Wörter
„und Sprachen weniger Verſtand und Uhr=
„ſachen wiſſen und geben können, dann die
Deutſchen." 143) —

Aber groſſe Aufmerkſamkeit auf dieſe Sache
konnte in der damaligen Lage der Dinge nicht
gewendet werden. Manche verſuchten indeſſen
doch durch dieſe Wörterdoppelung deutſche
Kunſtwörter einzuführen, wie Goswin Waſſer=
leiter, welcher alle logiſche Benennungen deutſch
gab. 144) Allein dieſer Anfang war zu ſchwer,
als daß er ſogleich hätte gelingen und weit=
verbreiteten Beyfall erhalten können.

L 3   In

143) S. Schottels ausführliche Arbeit S. 19.
144) Das Werk Logica Vernunftkunſt betitelt,
   erſchien 1590. zu Erfurth.

In dichterischen, kurzweiligen und sogenannten ergötzenden Schriften zeigte sie sich
um die Mitte des 16. Jahrh. merklich in im-
mersteigender Höhe. Mancher launige sinnreiche Kopf sah ihre Kräfte wohl, und zog
sie also zum Gebrauch hervor. Ich nenne nur
Fischarten, genannt Menzer, einen Straßbur-
gischen Rechtsgelehrten. Was that dieser
nicht, zu was wußte dieser sie nicht zu bringen!
Welcher Reichthum an Worten, welche Menge
von neuen Redensarten und Fügungen, welche
Mannichfaltigkeit der Wendungen, welche
Kürze und sinnliche Kraft im Ausdruck! Stolz
waren seine Begriffe vom Worte der deutschen
Sprache: die „Künstlichkeit derselben in aller-
„hand Carmina" sey groß; und nach „An-
„stellung des Hexametri oder sechsmäßiger
„Sylbenstimmung und siebenmäßigen Sechs-
„schlag weiche sie nun forthin weder den Grie-
„chen

„chen noch Latinen, die das Muß allein essen
„wollten.“ Um ein Muster ihrer Biegsamkeit zu geben, redete er seine Landsleute in dem
neuen Silbenmaaße an:

Dapfere meine Deutschen, redlich vom Gemüth
und Geblühte,

Nur euerer Herrlichkeit ist dieses hie zubereit.

Mein Zuversicht jederzeit ist, hilft mir göttliche Güthe,

Zu preißen in Ewigkeit ewere Großmüthig-
keit.

Ihr seyd von Redlichkeit, von grosser streit-
barer Hande,

Berümbt durch alle Land, immerdar ohne
Widerstand!

So wär es auch allesampt fürwar eine mäch-
tige Schande,

Wird nicht das Vaterland in Künstlichkeit
auch bekannt.

L 4   Drumb

Drumb dieselbige sonderlich zu förderen haben:

So hab ich mich unverzagt, auf jetziges
gern gewagt,

Und hof solch Reymesart werd euch Ergötz-
lichkeit geben,

Sintemal ein jeder fragt nach Newerung
die er sagt. u. s. f.

Daß er die Eigenschaften der deutschen
Sprache gekannt habe, ersieht man an den vielen einzelnen Schönheiten seiner Sprache.
„Der Arzt, (sagt er im verdeutschten Rabe-
„laus) nicht allein mit Kräuttern, Salben,
„Tränken und Confecten gerüst seyn soll, an-
„gesehen diese Stück zu Zeiten nicht helfen:
„sondern auch wolgeberdig, holdselig, freund-
„lich, gesprechig, kurzweilig, bossenreissig,
„der eim schwachen etwann, wanns Noth thut,
„ein Muth einschwezen uud eingaukelen kan,
„ihn lachend machen wann er schon gern weynt,

ihn

„ihn überreden er seie gesund, dieweil man
„doch einen überredet er sey krank; er sey rot=
„precht; wann er todfärbig sieht: oder über=
„zwerch Felds mit eim schalen Bossen daher
„kommen, der, wie man sagt, ein Todten
„möchte lachen machen, ihm ehe ein Esel für=
„führen der Disteln frißt: dann vom Pre=
„digen und Sacrament soll er ihm nicht vil
„sagen, das mögen andere Leut thun, die
„gern da bald erben, soll sich ehe selbst zum
„Esel machen, der Disteln frißt, auf daß es
„der Krank auch esse." —

Im philosophischen Ehebüchlein ¹⁴⁵) er=
zählt er: „Ein fürnemmer Römer hett nach
„römischen ehescheidlichen Rechten ein schöne,
„reiche und ehrliche junge Fraw von sich scheid=
„en lassen: Als ihne nun darumb alle seine
L 5 „Freun=

---

¹⁴⁵) Straßburg 1614. 8. S. 25. und 26.

„Freunde hefftig bescholten und straffeten,
„hube er einen Fuß auf, zeiget ihnen den
„Schuh und fraget sie: Liebe Freund, saget
„mir, was fählet diesem schuh? ist er nicht
„schön? ist er nicht new? und dennoch weiß
„keiner unter euch, wo er mich truket. Se-
„het da, warumb ein Weib weder auff ihr
„Gut, noch Heuratgab, noch Geschlecht, noch
„schön Gestalt bawen soll: sondern vielmehr
„auff dieses, was dem Mann am anmüthig-
„sten ist und ihn zu dem Nächsten berühret:
„als nämlich, daß sie mit irer beywohnung
„in allen Geberden und sitten, in zuthetigkeit
„und in allem weiß sich nit widersinnisch,
„murrisch, frembd, verdrüßlich, sondern tag
„für tag anmuhtiglich, holdselig, lieblich und
„nach des Manns Gelegenheit geschicklich ver-
„halte. „

Nach=

Nachdem er hierauf den Weibern Lehren geprediget; fährt er fort: „Hierauß dann ab-
„zunehmen, das einer ehelichen ehrlichen
„Frawen stärkste Kraft und bestes Lauff mit
„nach, welches deß Mannes guten Willen
„unveränderlich erhalten mag, seyn, so die-
„selbige mit guten sitten, mit Freundlichkeit,
„Sanftmuth und Tugenden zuwegen richtet
„und bringet und sich befleisset, in ihr selbs
„das Heuratgut, den Adel, das Huldluder,
„den Liebzwang, und das Je länger je lieber
„kraut, ja den huldreitzenden Venußgürtel
„zu haben und zu besitzen." —

Und nun noch eine Stelle: [145] „Wo be-
„darff man aber mehr solcher Standhaftigkeit
„und Frewdmühtigkeit dann in der Ehe.

„Da

---

[145] Phil. Ehezuchtbüchlein S. 136. und 137.

Da man das Saur oft muß verſüſſen,
Und das Süß mit dem Sauren büſſen?

„da iſt warlich bey ſo mancherley Creuß von
„nöthen, an ſtatt der Spär, ein Spär, d. i.
„kekmütiger widerſtand und wehr und anſtatt
„eines ſpitzen Fingers oder der Spitzfindigkeit
„ein breiter Schilt oder breiter Rucken, d. i.
„gedultige Verharrung und außharrende Ge-
„dult.

Daß man ſey einghaltſam in Freuden
Und unerſchrocken in Creutz und Leiden.

„Luſtig zur Arbeit bey Geſundheit, getroſt in
„Krankheit, großherzig und ſtandhaft in Wi-
„derwärtigkeiten, unverdroſſen zu ſchweren
„Sachen, muhtig wider das Unglück, rauch
„wider die Wolluſt, hart wider die Zärtlich-
„keit, wafer wider die Faulheit, munter wi-
„der die Trägheit, arbeitſam wider den Müſ-
„ſiggang

„ſiggang und in ſumma in allem freudmüthig
„aber nicht frechmüthig.‟

Ein anderer großer Gewinn kam in der
zweyten Hälfte des 16ten Jahrhunderts. Flac-
cus gab den Otfrid heraus; Goldaſt ließ die
ſchönen Lieder der beeden Winsbecke und an-
derr Stücke drucken. Dies gab der Erlernung
der Mutterſprache einen neuen Schwung mit-
Laurentius Albertus und Albrecht Oelinger un-
terſuchten die Art und die Geſetze unſerer
Sprache und ſchrieben deutſche Grammatiken,
wiewohl mit wenig Glücke. Die Dichter erhoben ſich mehr, obgleich keiner an Nachdruck
und Feuer dem großen Luther nur nahe kam.
Rudolf Weckerlin verſuchte Alexandriner: zählte
zwar noch Silben und achtete nicht auf das
Tonmaas, aber machte dennoch ziemlich wohl-
klingende Verſe z. B.

Man

Man findet nichts vollkommen in der Welt,

Wir Menschen sind mit Sorgen, Pein und

Plagen,

All Ort und Zeit, in Städten, auf dem

Feld u. ſ. w.

Ihn übertraf noch Peter Danaiſius, der im
J. 1610. als Beyſitzer des Kammergerichts
ſtarb, an Reinheit des Verſes.

Noch muß als ein ſehr wichtiger Umſtand
bemerkt werden, daß mehrere Gelehrten ſich
damals mit Verfaſſung eines deutſchen Wör-
terbuchs beſchäftigten. Markwart Freher, der
unvergeßliche Alterthumsforſcher, und Georg
Heniſch wollten ihr Vaterland damit beſchen-
ken. Zum Unglück iſt aber des erſtern Arbeit
verſchleudert und von des andern nur ein Theil
gedruckt worden: Theſaurus linguae & ſapien-
tiae Germanorum. Auguſt. Vind. 1616.

Auf

Auf. diese Weise hatte unsre Sprache in jeder Rücksicht in diesem Zeitraum Fortschritte gethan, ohne in etwas zurück zu bleiben. Um die Vortheile kurz überschauen zu können, rück ich die Hauptpunkte zusammen. Belege sind hiebey weniger vonnöthen, da sie theils in der bisherigen Erzählung vorgekommen, theils in den bekanntesten Büchern anzutreffen sind.

I. Der Wohlklang ward durch die Verbindung mehrerer Mundarten ungleich grösser: die Töne wurden fliessender, geschlachter, und die Silben angenehmer abgewechselt. Wen brauch ich an die Vergleichung der Bibelübersetzung Luthers mit der alten von Otmar herausgegebenen, oder an die Zusammenhaltung der andern Denkmäler zu erinnern?

II. Eben diese Verbindung mehrerer Mundarten, hauptsächlich aber die Wörterdoppelung

ver

vermehrten den Reichthum der Worte. Alle Arten von zusammengesetzten besondern wissenschaftlichen Ideen wurden nun leichter, kürzer, bestimmter ausgedrückt: und Gedichte mit feinerer Auswahl der Wörter geschrieben.

III. Sichtbar ward der Ausdruck geschmeidiger, die Wendungen mannichfaltiger und kühner.

IV. Stärke der Sprache ward durch die häufigere Wörterdoppelung und neue Einungsarten sehr vermehrt. Die Hauptwege, worauf man zu diesem Ziel gelangte, waren folgende:

1. Hauptwörter und Hauptwörter wurden mehr verbunden, wie z. B. Grabthier (Vielfraß) Halsherrscher (Tyran) Standmut, Weisheitslehrer und viel andre Worte bey Luther, Frank und Fischart.

2. Bey-

2) Beywörter und Beywörter, als **großherzig.** Schon in den vorigen Perioden war diese Vereinigungsweise bekannt;
in der jezigen aber wurde sie erst häufig
und geschmackvoll angewandt.

3. Vorsilben wurden nun mehr mit Zeitwörtern verknüpft; als erwuchern, er-
jagen, durch Wucher oder Jagd erhalten;
anängeln anseufzen, †) den Blick,
den Seufzer auf jemand richten. Welch
unvergleichlichen Vortheil das dem Nachdruck, dem Schönen und Sinnlichbe-
stimmten der Rede brachte, leuchtet
jedem in die Augen.

4. Eine neue eigenthümliche Einungsart
kam sehr in Gang. Man verband nämlich durch den Imperativ Zeit- Haupt-

M und

―――――――――――――――――――

†) Diese Beyspiele sind aus Fischart und Luther.

uud andere Wörter z. B. Springins-
feld, Rappiasmus, Streugütlein,
(Verschwender seines Gütgens) und andere. Im Kurzweiligen und Scherzen-
den that diese Bildungsweise vortrefliche
Dienste, und brachte auch in andere Er-
zählungs = und Schreibarten mehreres
Leben und grössere Mannichfaltigkeit.

Fünfter Zeitraum.
Von Opiz bis auf Klopstock
und die Schweizerschule.

Der Mann, den alle Fähigkeiten, der damaligen Sprache einen neuen daurenden Zu-
schnitt zu geben, in gehörigem Maase zierten,
erschien in — Opiz. Durch tiefes Studium
der

der Alten und der besten neuern Dichter, durch
Reisen und Bekanntschaft mit der feinern
Welt, hatte dieser Schlesier sich einen hervor-
stehend feinen Geschmack erworben. Er besaß
eine lebendige Einbildungskraft und gebildeten
Verstand, daneben einen feurigen Eifer für
unsre Sprache, deren Kräfte er, auch in alten
Quellen sorgsam erforschte. †) Man höre was
er nach Schöttels Uebersetzung im Aristarch
davon schreibt: 147) „Es sind die Wörter,
„dero Fügungen und kunstmessig - geordnete
„Sprüche der deutschen Sprache so schicklich,
„fein und wohlständig, daß sie der spanischen
„Pracht, der welschen Zierlichkeit und der
„Franzosen lieblichen Geschwindigkeit in keinem

M 2   nichts,

---

†) Man lese seine Anmerkungen zu dem, von
    ihm herausgegebenen, Rhythmar de S. An-
    none.

147) Ausführliche Arbeit von der deutschen Haupt-
    sprache S. 23.

„nichts bevor geben — Und kann und sol
„ja niemand mehr verborgen seyn, daß keine
„Hinderniß sondern die höchste Zeit da sey,
„auch unsere Sprache aus dem Staube zu
„heben und ans Tageslicht zu bringen; diese
„uhralte Sprache, diese zierliche Sprache,
„die prächtige Sprache, die allein würdig ge-
„wesen die deutsche Welt, das Wohnhaus so
„viler großen Helden, zu bewohnen: die
„Sprache, die vollständig und unvermengt
„durch die grimme Flucht so langer Jahren
„gedrungen und sich bey uns erhalten hat.
„Diese ist die Sprache, o ihr Deutschen, die
„euch einzig zu lieben - - - die ihr müsset in
„Ehren und Würden halten, die ihr müsset
„zieren und schmücken und so ihr was könnet,
„hierin ein Meisterstück thun. Ermannet euch
„ihr Deutschen, mißgönnet euren Nachkommen
„nicht dasselbe, was von Gott durch eure
Vor-

„Vorfahren auf euch gebracht worden. Bemü-
„het euch, daß diese eure Sprache bey eurer
„Treu und Tapferkeit, womit ihr alle Welt
„übertreffet, die rühmlichste Nebenstelle der-
„maleins überkommen möge."

Dieser Enthusiasmus mit grossen Kenntnissen und Kräften verknüpfet, gab auch der
Sprache wirklich eine neue Gestalt. Man
vergleiche irgend einen Vorgänger mit Opi-
zen: die grosse Verschiedenheit ist auffallend;
erstreckt sich nicht nur auf Wohllaut, Reinheit,
Auswahl der Wörter, sondern auf den ganzen
Bau der Redesätze. Zusammensetzungen,
Wichtigkeit der Abänderungen u. s. w, Der
Anschaulichkeit wegen will ich einige Stellen
zum Entgegenhalten hieher setzen. Valentin
Andreä, ¹⁴⁸) ein feiner dichterischer Kopf
sang 1619.

M 3

Gott

Gott schuff uns anfangs zu sein Bild,

Gerecht, weiß, heilig, fromb und milt.

Der Mensch an Gott hab gnůg
und ruh

Durch in und in jm alles thu.

Aber der Teuffel gab uns ein,

Durch uns selbst groß und weiß zu sein

Daher sein Saam in uns gestreut

Der sich in uns numehr eraigt.

Von ähnlicher Beschaffenheit ist die Sprache in allen andern gleichzeitigen Gedichten:
nur daß hie und da der Sylbenverbeissungen
weniger, daß die Verse zufällig glätter fort-
rollen. Aber wie durchaus anders die Opizische Sprache! Zum Beweis stehe hier eine
Stelle aus dem Lob des Kriegesgottes.

Du schaffest und sie auch, daß Teucer siegt
mit Pfeilen,

Mit Kühnheit Diomed, Achilles mit Ereilen,
Ulysses

Ulyſſes durch Verſtand; du giebeſt Kraft
und Muth

Du freyer Landsknechtgott und rührſt ein
herrlichs Blut

In allen Adern auf. Der kann nicht edel
bleiben

Und wird auch edel nicht, der müſſig will
vertreiben

Ohn Tugend und ohn dich, die Freyheit
ſeiner Zeit

So edler iſt als er. Der Schlaf, der
Betteſtreit

Schach, Würfel, Kartenſpiel, Bankete,
Gläſerſchanzen,

Sind keiner Ahnen werth. Wo ſcharfe Ku-
geln tanzen,

Wo Fahnen in der Luft, wo Stürm und
Schlachten ſind,

Dergleichen iſt für dich. Die Ueppigkeit
zerrinnt

M 4   Das

Das faule Spiel verspielt, die Wolluſt
wird geſchlagen,

Läßt ihre Flügel gehn, wann du auf deinem
Wagen

Daher gedonnert kommſt, den dir bey dicker
Nacht

Pyracmon, Steropes und Brontes hat
gemacht

Das ſchwarze Schmiedevolck. Voran
kömmt eingedrungen

Die Göttin Fama ſelbſt, ſo hundert
ſchnelle Zungen

Und hundert Augen hat. Zwey Pferde
ziehen dich

Das Schrecken und die Angſt; zu nächſte
findet dich

Bellona, deine Frau mit Blutgefärbten
Haaren

Und Feuer in der Hand. . . . . .

So

So ist auch seine Prose weit reiner, wohllautender und grammatischrichtiger als die
seiner Zeitgenossen und Vorgänger.

Opiz hatte verschiedene sehr würdige
Nachfolger, wovon ich in dieser Hinsicht nur
Tscherning und Logau nenne. Wahr ist es, was
Ramler und Lessing von des leztern Sprache
sagen. „Seine Worte sind überall der Sache
„angemessen; nachdrücklich und körnicht, wenn
„er lehrt; pathetisch und vollklingend, wenn
„er straft; sanft, angenehm tändelnd, ein-
„schmeichelnd, wenn er von Liebe spricht;
„komisch und naiv, wenn er spottet; poßier-
„lich und launisch wenn er bloß Lachen zu er-
„regen sucht." Nur einiges zur Probe:

Frage.
Wie willst du weisse Lilien zu rothen Ro-
sen machen?

M 5   Kuß

Küß eine weisse Galathee; sie wird er-
röthend lachen.

Der verfochtne Krieg.

Mars braucht keinen Advokaten
Der ihm ausführt seine Thaten.
Keinem hat er was genommen
Wo er nichts bey ihm bekommen;
Keinem hat er was gestohlen,
Denn er nahm es unverhohlen;
Keinen hat er je geschlagen,
Der sich ließ bey Zeiten jagen;
Was er von der Strasse klaubet
Ist gefunden, nicht geraubet;
Haus, Hof, Scheun und Schopf
geleeret
Heißt ein Stücke Brodt begehret,
Stadt, Land, Mensch und Vieh ver-
nichten,
Heißt des Herren Dienst verrichten;

Huren

Huren, Saufen, Spielen, Fluchen,
Heißt dem Muth Erfrischung suchen;
Endlich dann zum Teufel fahren
Heißt — den Engeln Müh ersparen.

Ursprung der Bienen.

Jungfern, habt ihr nicht vernommen
Wo die Bienen hergekommen?
Oder habt ihr nicht erfahren
Was der Venus wiederfahren,
Da sie den Adonis liebte
Der sie labt und auch betrübte?

    Wenn im Schatten kühler Myrthen
Sie sich kamen zu bewirthen;
Folgte nichts als lieblich Liebeln
Folgte nichts als tückisch Bübeln;
Wollten ohne süsses Küssen
Nimmer keine Zeit vermissen
Küßten eine lange Länge,
Küßten eine grosse Menge u. s. w.

                      Merk.

Merkwürdig ist, daß er, wie schon seine
Herausgeber bemerkt haben, sehr häufig das
Beywort im ungewissen Geschlecht als ein
Hauptwort braucht. Z. B. für **Freyheit**
und **Klugheit** setzt er:

Seither ist unser **Frey** in Dienstbarkeit
verkehret,   oder

. .   Ein solches **Klug**
Dafür ein keuscher Sinn Entsetz und
                    Grauen trug.

Bescheiden und geschmackvoll angewandt
mußte dieser Gebrauch dem Dichter
mancherley Vortheile gewähren. So
machte er auch durch die Einsylbeley aus Für-
wörtern unabänderliche vortrefliche Beywörter
als seinerley, dieserley, solcherley u. s. w.

Zu etwas Grossem noch wird Sordalus
                wohl werden,
Denn **seinerley** Geburt ist nicht gemein
                auf Erden.

                        Wie

Wie schleppend und weitschweifig sagte man hernach und noch manchmal jetzt dafür: eine Geburt, wie seine war.

Bey diesem Fortschritt der Sprache von einer Seite müssen die Bemühungen ganzer Gesellschaften um sie nicht vergessen werden. Schon im Jahr 1617. stiftete Caspar von Teutleben den Fruchtbringenden. Palmorden in der einzigen Absicht die Reinheit unserer Sprache zu erhalten und ihre Bildung zu vermehren. Diesem folgten noch in der ersten Hälfte des 16. Jahrhunderts der Pegnitzer Blumenorden und die Hamburgische deutschgesinnte Genossenschaft, ersterer von Harsdörfer, letztere von Philipp Zesen angelegt. Allerdings sind ihre Arbeiten meistens geschmacklose, widerwärtige Spielereyen. Gedichte, Gespräche, Allegorien und dergleichen, aber doch suchten sie unsre Wörter fleißig auf, bilde-

bildeten nach den Gesetzen neue Namen um keine fremde annehmen zu müssen, schrieben Sprachlehren und Wörterbücher, und suchten das Hochteutsche immer mehr zu mildern und zu verfeinern. Ihre Versuche blieben auch nicht fruchtlos. Ist z. B. die Prosa des Spielenden [149] nicht ungleich besser, als selbst die Opizische, ohngeachtet die Lebenszeit beeder Schriftsteller nur um wenige Jahre verschieden ist? „Es ist eine alte Streitfrage:
„(schreibt er) ob der mündliche oder schriftli-
„che Unterricht der Jugend vorträglicher sey?
„Das Aug und das Ohr sind gleichsam die
„Thore, vermittelst welcher alle Wissenschaf-
„ten durch die redenden und stummen Lehr-
„meistere in unsern Sinn eingeführet werden.
„Die Rede ist begleitet mit beweglichen Ge-
„berden,

---

[149] Gesprächspiele VIIter Theil. Nürnberg 1647. Vorrede.

„berden, mit Verwendung der Augen, mit
„ Erregung der Lippen, mit Behandlung der
„Hände, Erhöhung des Haupts, Erhebung
„ der Stimme und des ganzen Leibes nach-
„drücklichster Begeisterung und Beyhülfe. Hin-
„gegen ist der todte Buchstab ohne Bericht, ohne
„Eifer und Wortklang, der in begebenen Zwei-
„fel keine Erörterung leisten kann. — Gleich-
„wie das Siegel seine Gleichheit dem Wachs
„eindrucket; also senket des Menschen Rede
„Freude und Traurigkeit, Lieb und Haß,
„Zorn und Freundschaft und eine jede Nei-
„gung, so der Redner bey sich fühlet, in un-
„ser Gemüth. Die Schrift aber ist eine Bil-
„dung der Stimme, nach eines jeden Volkes
„Beliebung erdacht, und kann so viel nicht
„zu verstehen geben, als die Rede, welche
„die Gedanken vollkommener ausbildet."

Opiz bewirkte eine wichtige Veränderung
aber sie allein macht die 5te Denkzeit in unserer

rer Sprachgeſchichte nicht aus, ſondern ſie
und der gleichzeitige Einbruch des auslåndi-
ſchen Lapp- und Flickweſens ¹⁵⁰) zuſam-
mengenommen. Schon zu Ende des 16. und
Anfang des 17. Jahrhunderts hatten ſich viele Spaniſche, Italiåniſche und Franzöſiſche
Wörter in den Gebrauch eingeſchlichen: und
im Jahr 1624. jammerte Opiz ſehr, daß dieſe Thorheit allenthalben ſo einreiſſe: ¹⁵¹) aber
noch gröſſer ward ſie, je mehr fremde Völker
im dreißigjährigen Kriege einrückten und je
mehr Deutſchland entvölkert und veröbet wurde.
Es iſt erſtaunlich, wie zerſtörend dieſer Krieg
auch in Anſehung deutſcher Sitten, Gewohn-
heiten und Denkart geweſen iſt. Mit dem
Weſtphåliſchen Frieden ward dieſe Sprachen-
mengerey nicht aufgehoben, ſondern jezt erſt,

ſagt

---

150) Mit Fleiß bediene ich mich hier des treu-
herzigen Schotteliſchen Ausdrucks.
151) S. ſeine teutſche Poeterey Cap. 6.

sagt Leibniß, [152]) „hat sowohl die Französ-
„sche Macht als Sprache bey uns überhand
„genommen. Man hat Frankreich gleichsam
„zum Muster aller Zierlichkeit auffgeworffen
„und unsere junge Leute, auch wohl junge
„Herren selbst, so ihre eigene Heimath nicht
„gekennet, und deßwegen alles bey den Fran-
„zosen bewundert, haben ihr Vaterland nicht
„nur bey den Fremden in Verachtung gesetzet
„sondern auch selbst verachten helffen und ei-
„nen Eckel der deutschen Sprach' und Sitten
„aus Ohnerfahrenheit angenommen, der auch
„an ihnen bey zuwachsenden Jahren und Ver-
„stand behenken blieben; und weil die meisten
„dieser jungen Leute hernach, wo nicht durch
„gute Gaben, so bey einigen nicht gefehlet,
„doch wegen ihrer Herkunft und Reichthums

N   „oder

---

[152]) Bedenken von Verbesserung der deutschen
Sprache §. 26.

„oder durch andre Gelegenheiten zu Ansehen
„und fürnehmen Aemtern gelangt, haben solch
„Franz=Gesinnete viele Jahre über Deutsch=
„land regieret und solches fast, wo nicht der
„französischen Herrschaft, doch der französi=
„schen Mode und Sprache unterwürffig ge=
„macht.“ Der Unfug stieg auch so hoch: daß
der nämliche Schriftsteller bekennen mußte: 153)
„Anjezo scheinet es, daß bey uns übel ärger
„worden, und hat der Mischmasch abscheulich
„überhand genommen, also daß die Prediger
„auff der Canzel, der Sachwalter auff der
„Canzley, der Bürgersmann im Schreiben
„und Reden, mit erbärmlichem Französischen
„sein Deutsches verderbet; mithin es fast das
„Ansehen gewinnen will, wann man so fort=
„fahret und nichts dagegen thut, es werde
„Deutsch in Deutschland selbst nicht weniger

ver=

---

153) Ebendas. §. 20.

„verlohren gehen, als das Engelsächsische in
„Engelland."

Die frühe Gegenbemühungen eines Harbdörfers und Andr. Tscherning; die Beyspiele
dieser Männer, eines Flemmings, Dachs,
Rists und unzähliger anderer Dichter frommten nichts; denn keiner leuchtete durch Geschmack und Geistesgrösse so hervor, daß er
die Aufmerksamkeit der Nation an sich riß.
Die beliebtesten Dichter, Lohenstein, Hoffmannswaldau und dergleichen waren gar von
der Bahn des guten Geschmacks abgewichen
und hatten sich in widrigen Spielereyen, in
sinnlosem Schwulst und ekelhaften Blümelein
versenkt. Was konnte also die arme Sprache
wider in Achtung und Aufnahme bringen?

Zum Glück war ihre innere Fürtreflichkeit
so groß, daß sie jeden nur geringen Kenner

zu ihrer weitern Bearbeitung einladen und
den so wenig sonst belohnten Eifer der Gesellschaften in Wärme erhalten mußte. Ein lan-
ges Andenken verdienen daher die Namen Nic.
Scheraeus, Johannes Clai, allermeist aber
J. G. Schottel und Kaspar Stieler. Schottel, so schlecht er übrigens selbst schrieb, zeigte
in seiner ausführlichen Arbeit von der
deutschen Hauptsprache, die Natur und
Schönheiten derselben und setzte weitläufig aus-
einander, wie unendlich geschickt sie zur Darstellung dichterischer und philosophischer Vorstellung durch die Wörterdoppelung sey. Tiefer
noch drang Stieler, bekannt unter dem Namen
des Spaten, ein: entwickelte ihre Gesetze
und Eigenschaften in einer scharfsinnigen
Sprachlehre und legte den herrlichen Wörterschatz vor Augen. Sein Werk erschien 1691
zu Nürnberg mit der Aufschrift: „Der deutschen

schen Sprache Stammbaum und Fortwachs
oder deutscher Sprachschatz. Er entdeckte schon
die stolze Eigenschaft: „daß kein zwey= oder
„mehrgliederich Wort eine deutsche Wurzel
„sey, sondern die Stammwörter allzumal nur
„in einem einzigen Gliede bestehen." ¹⁵⁵)
Welcher Aufschluß in der Lehre von dem Wör-
terbau, dem Beylaut (Accent) und dem Ton-
maaße! So sehr er von ihrer Treflichkeit ein-
genommen ist, so urtheilt er dennoch unbe-
fangen und vernünftig von der damaligen
Stufe ihrer Ausbildung und ermuntert, am
kräftigsten durch sein eignes Vorbild, zu weit-
erer Erhöhung derselben. „Nun ist nicht ohne,
„schreibt er, ¹⁵⁶) daß, zumal in diesem
„Menschenalter, vortrefliche Geister sich hervor-
„gethan, welche sich des deutschen Sprach=

N 3   „wesens

---

154) S. die Vorrede.
155) Ebendas.

„wefens mit aufrichtigem landsmännlichen
„Ernſte und unverdroſſenem Kunſtfleiſſe, an-
„genommen, es auch, vermittelſt reifen Nach-
„ſinnens und munterer Handanlegung, ſo
„weit gebracht, daß unſer hochwerthes Deutſch
„ſchon itzo dem majeſtätiſchen Latein, dem
„unerſchöpflichen Griechiſchen, dem leichtflieſſ-
„enden Franzöiſchen und denen tiefſinnigen
„welſchen und ſpaniſchen Sprachen die Spitze
„bieten kann. Gleichwohl iſt ſolche höchſtrühm-
„liche Arbeit noch kaum zur Mitte gefüret
„und zu deren Vervollkommung annoch ein
„weiter Weg zu thun und ein ſehr hoher Berg
„zu erſteigen übrig, welches denenjenigen, ſo
„aus andern Sprachen in die unſere etwas
„zierlich zu überſetzen beginnen, nicht lange
„verborgen ſeyn mag.“ — Vielen mittelba-
ren Nutzen brachte auch das neuverſtärkte Studium der deutſchen Alterthümer überhaupt und
beſon-

beſonders der Sprachquellen: ſie flößten gröſſere und allmählichthätigwerdende Achtung
deutſcher Sprache und deutſchen Geiſtes ein,
Mit Danke erinnert man ſich hier der Bemühungen eines Leibnitz, Klaubergs, Schilters,
Eckharts, Scherzens!

Dieſe Umſtände erwogen, was Wunder,
daß auch beſſere Köpfe die verſchmähte Mutterſprache wieder hervorſuchten und ſie zum Ausdrucke neuer Begriffe und Empfindungen
brauchten? Keine ihrer damaligen Veränderungen iſt merkwürdiger, als der neueingeführte
Gebrauch zur Weltweisheit. Leibnitz glaubte:
es ſey noch „einiger Abgang bey unſerer
„Sprache in denen Dingen, ſo man weder
„ſehen noch fühlen; ſondern allein durch Be-
„trachtung erreichen kann: als bey Ausdrück-
„ung der Gemüthsbewegungen, auch der Tu-
„genden und Laſter, und vieler Beſchaffen-

N 4 „heiten,

„heiten, so zur Sittenlehre und Regierungs-
„kunst gehören; dann ferner bey denen noch
„mehr abgezogenen und abgefeimten Erkännt-
„nissen, so die Liebhaber der Weißheit in ihrer
„Denkkunst und in der allgemeinen Lehre von
„den Dingen unter dem Namen der Logik
„und Metaphysik auf die Bahn bringen:"
allein dieß war nicht Fehler an Fähigkeit der
Sprache, sondern blos an Ausbildung, an
Anwendung derselben. Der grosse Mann hätte
gewiß selbst seine tiefste Werke darin schreiben
können, wenn er sich nicht gewöhnt gehabt
hätte in fremden Sprachen zu denken, und
wenn er hätte hoffen dürfen, in deutschem
Kleide auch auswärts aufgenommen zu werden.
Zeigt er es doch gerade in seinem Bedenken
von der Verbesseruug unserer Sprache 155)
felbst!

_____

155) Bedenken von der Verbesserung der deutschen
Sprache §. 10.

selbst! Wie gut giebt er nicht Ontologie, Lo-
gick, Politick, Periodus, Naturalisirung, Cu-
riositas und dergleichen durch Wesenlehre,
Denkkunst, Zeitwechsel, Regierungskunst,
Einbürgerung, Vernunftschluß, Zeichen-
kunst, Wissenslust u. s. w. So hatten auch
Schottel und andre längst gezeigt, daß man
Epoche, Chronologie, Grammatick, Etymologie, Syntaxis u. s. w. durch Denkzeit, Zeit-
kunde, Sprachkunst, Wortforschung,
Wortfügung ꝛc. sehr füglich verdeutschen
könnte, wenn man nur wolle und Kenntniß
der Quellen habe. Zu dieser neuen Anwendung
der Sprache half Thomasius sehr viel, indem er die Philosophie anfieng als eigentliche
Lebensweisheit vorzutragen, und sie dadurch an-
nehmlicher machte und allgemeiner in Gang
brachte. Wolf that noch mehr; grossentheils
bestimmte er den philosophischen Sprachge-

N 5   brauch,

brauch, verdient aber dennoch nicht als Schöpfer oder nur vorzüglicher Bereicherer der unsinnlichen Sprache angesehen zu werden. Wer ihm einen solchen Rang beylegt (und deren sind mehrere) verräth nicht die beste Bekanntschaft mit unsern ältern Schriftstellern.

Auch unsere Gottesgelehrten bearbeiteten die Sprache mit Fortgang und Glück in diesem Fache. Zumal findet man in den Schriften der Schwärmer viele Goldkörner. Selbst eine edle körnige Einfalt hat zuweilen ihre Sprache. Da diese Werke so selten mehr gelesen werden, will ich eine Stelle aus des Chiliasten Petersens Stimmen aus Zion hieherſetzen:

Drey und vierzigster Pſalm.

„Wie ist die Welt doch so überweiſe worden!
„Wie hat sich die Magd über die Frau erhoben!
„Die

„Die Weisheit des Fleisches wafnet sich
„gegen die göttliche Einfalt; und die Vernunft
„ficht wider den Glauben.

„Die Weltweisheit setzet sich gegen die gött-
„liche Thorheit, sie meistert Gottes Weisheit
„und verfälscht sein grosses Wort.

„Sie ist gar zu weise zum Himmelreich;
„darum kommen sie auch nicht dahin, wohin
„die Kinder kommen 2c.

Von Dichtern, Rednern und dergleichen
erhielt sie zu Ende ihres fünften Lebensalters
eine Menge zu Bearbeitern. Manche waren
vorzüglich als Kaniz, Wernike, die meisten
schlecht. Der Ton eines Bessers, Heräus,
Neukirchs war allgemein in Achtung gekommen:
Gottsched befestigte ihn durch seine Arbeiten
dieser Art, und durch seine Sprach- Dicht-
und Redekunst! Wohl drang er auf Reinheit,
aber für die wahre Schönheiten und Eigen-

thüm-

thümlichkeiten unsrer Sprache hatte er keinen
Sinn. Glückliche einzele Versuche wurden indeſſen immer gemacht: wahrer Geſchmack erwachte immer mehr: in dem ganzen Geiſte
der Nation entſtand eine Gährung, die eine
nahe Umwandlung mit Gewißheit verkündigte.
Und wie herrlich dieſe auch gekommen ſey,
werden wir hernach hören.

Jezt laßt uns ſtille ſtehen, und die Kräfte der Sprache, in dieſem und dem vorigen
Lebensalter miteinander vergleichen! Aber ehe
dieſes geſchehen kann, muß ich einige Winke
über den Unterſchied der Sprache und deß
Sprachgebrauchs hinwerfen. Herr Adelung ¹⁵⁸) hat den Sprachgebrauch nicht be-
ſtimmt,

---

157) Umſtändliches Lehrgebäude der deutſchen
Sprache 1 Th. S. 109 und 110. Schon
vor ihm gab die nämlichen Sprachgeſetze in
gleicher Ordnung Gottſched in der Sprachkunſt
4te Ausgabe (1757. 8.) S. 3 - 6.

kimmt, sondern läßt ihn willkührlich tyran-
nisiren. Ihn macht er zur höchsten gesetzgebenden Gewalt und läßt dann erst Analogie
und Etymologie folgen. Auf diese Art, dünkt
mich, kann von den wahren Eigenschaften einer Sprache nie mit Grund und Wahrheit
geurtheilt werden. Jeder Nichtkenner, wenn
er sich nur ein Haufen Anhänger und Affen
sammelte, könnte die sinnloseste sich selbstwi-
dersprechende Namen, die fremdesten elende-
sten Wortbildungen einführen: und dann
sollte hieraus die wahre Beschaffenheit der
Sprache beurtheilt werden? Mit nichten.
Unser Sprachgebrauch muß 1. der Wortfor-
-schung in weitester Bedeutung unterthan seyn.
Ohne dieses würde Schönheit, Bedeutung,
ja selbst großentheils Behaltsamkeit der Worte zu Grunde gehen. Wer empfindet und be-
hält den Ausdruck gescheid nicht besser, wenn

er an der Rechtschreibung oder Außsprache
erkennt, daß er von scheiden stamme; als
wenn ihm gescheut vorkomme, wobey er an
jenen Ursprung und jene Bedeutung nicht erinnert wird? Ist es nicht außdruckvoller, ein-
leuchtender und behaltsamer erdaugnen für ereignen zu setzen, denn auf die erstere Art
kommt dem Leser oder Hörer die Vorstellung
von Aug in die Seele? Und doch sollte der
Sprachgebrauch sein gescheut und ereignen
noch immer beybehalten? So herrisch ist er
nicht. Wollte man ihm erlauben, wie er
schon versucht hat, die Entsylben lich und
risch; ig und icht, sam und haft u. s. w.
untereinander zu mengen; wie viele Schönheit des Außdrucks wäre dahin! Wozu schreibt
man Wörterbücher und Sprachlehren? Der
häufigen Tollheit des Sprachgebrauchs zu steuren: die wahre Gesetze der Sprache und ihre

Natur

Natur zu sehen, und daraus die erkannten
Fehler vermeiden zu lernen. Wirklich bürdet
man auch dem Sprachgebrauch allzuviele Hals-
starrigkeit auf: nur mehr Aufklärung — und
er verläßt die krummen Wege willig, wiewohl nur nach und nach. Ehmals setzte er
durchaus Eltern (parentes); seitdem man
aber bedenkt, daß der Namen von Alt stamme, beginnt er es mit Aeltern zu vertauschen.
Aber wahr ist es, daß er in vielen Stücken eigensinnig ist. Z. B. bey Knoblauch, zwanzig,
und andern von Adelung angeführten Wörtern; da aber bey dergleichen Ausdrücken und
Begriffen von Schönheit und Bedeutung gar
die Rede nicht seyn kann, so mag man ihm
hierin nachgeben. Auch bey Dingen die noch
streitig sind, kann man ihm Herrschaft verstatten. Aber demohngeachtet kann die Meynung des angeführten fleißigen Sprachken-

ners

ners nicht Statt finden. 2. Noch vor dem Sprachgebrauch kommt Sprachähnlichkeit in der Reihe der gesetzgebenden Theile. Kann man ein Wort aus der Etymologie nicht bestimmen, so muß es mit Worten seiner Art verglichen und hienach seine Abänderung und Biegung festgesetzet werden.

Hingegen ist der Sprachgebrauch in so fern als die erste gesetzgebende Gewalt angesehen, in so fern dadurch allgemein gewisse Worte mit besondern Nebengefühlen belegt werden. Auf diese Art werden seine Entscheidungen unwiderruflich: Ganze Wörter, Redensarten, Wortbildungen müssen verstoßen werden, wenn er will. Beyspiele sind: ins Gras beissen, großer Hans, Meistersänger, ehmals edel, jezo nimmer. Jerusalem braucht in seinem Schreiben über unsere Litteratur das Wort Meistersänger von Homer,

als

als einem recht großen Dichter. An sich ist
der Ausdruck richtig und ſtark: da aber
die Nebenvorſtellung von unſern ehmaligen
zünftigen Bänkelſängern damit verknüpft
iſt, ſo fällt er ſehr widrig auf und vermin-
dert den Begriff von der Hoheit des Dichters.

Man wende dieß auf die Beſchaffenheit
der Sprache in dieſer Periode an und dann
urtheile man, ob bey folgender Abwägung in
einer oder der andern Schaale zu vieles gelegt worden. Sie verlohr nämlich, nach meinem Ermeſſen, dieſes:

1. Viele trefliche Worte und Redensarten
kamen auſſer Gebrauch, beſonders zu Ende
des Zeitlaufs, da die Gottſchediſche Ueber-
ſchwemmung anfieng. Ja ſchon einige Jahr,
zehend vorher erhuben einſichtsvolle Männer

O   dieſe

diese Klage. Rieth ja Leibniß dringend an, Luthers Werke, Fischarts Theuerdank, selbst den ehrlichen Stumpf und viele andre Schriften wieder hervor zu suchen und zu benußen, weil es an vielem mangele. Unter den Schweizern fand er den Volksausdruck Schuß= und Troß=Verbündniß für Foedus defensivum offensivum und bemerkte dabey: er würde „unsern besten Sprachsver= „besserern nicht leicht beyfallen" auch an Annehmlichkeit und Nachdruck nicht über= troffen werden. 158) Ich müßte mich sehr irren, wenn ich nicht das noch bessere Wort Schuß=und Trußbund in Schriften des vorigen Zeitraums schon angetroffen habe. Aber unsre jeßige Periode verwahrloste solche Schä-

---

158) Bedenken von der deutschen Sprache §. 66 und 67.

Schäte, wie es auch aus den politischen Un-
ruhen begreiflich ist.

2. Eigenthümlichkeiten, ächtdeutsche Wör-
terverbindungen, auch einige recht gute Bildungsarten verschwanden zum Theil. Dieß
versteht sich hauptsächlich von den letzten Gott-
schedischen Jahren. Jene Bildungen durch
die Endsylbe ley, wie meinerley verloren
sich, ohne ersetzet zu werden. Die Fügungen
durch den Genitiv, wie ein Mädchen schönen Angesichts u. s. w. wurden durch das
Französische von zu grossem Schaden verdrängt.
Schleppende Redetheile wurden häufiger gebraucht; in den Versetzungen wurde man ver-
zagter, und der ganze Ausdruck überhaupt hatte
immer das Warme, Eigene, Völkliche, wie
ehemals. Eine Vergleichung der Schriften
Luthers mit den besten aus dem ganzen fünften Zeitalter macht es anschaulich.

Da-

Dagegen kamen auch folgende glückliche Veränderungen.

1. Durch die nähere Kenntniß der Sprachgesetze und der Worte ward sie zum philosophischen Ausdruck geschickter, da ohnehin der Erkenntnißkreis der Nation sehr erweitert worden war. Den Hauptvortheil brachte die Zusammensetzung: aber es wurden auch Bedeutungen übergetragen. Beyspiele liefern Leibniß, Wolf, Schottel und andere in Menge.

2. Auch zum Dichterischen ward sie tüchtiger, theils weil der Wohllaut und die Ausfeilung der Töne feiner, theils weil die Länge und Kürze der Sylben bestimmter, theils weil die Wörterdoppelung kühner und häufiger geworden war. Man versuchte eine Menge von Versarten, nicht nur gereimte, sondern auch reim-

reimlofe, als Jamben und Hexameter.
Fifcharts Hexameter leiden in Abficht auf
Wohlklang und Tonmaaß keine Vergleichung mit denen, die Heranuß zu
Anfang des Jahrh. machte. Auch findet
man in Brokes Gedichten viele Stellen,
die in Rückficht auf wahre Melodie und
nachahmenden Naturton zu allen
Zeiten als vortreflich gepriefen werden
müffen.

3. Jede Art von Ausdruck, in fofern fie
durch Wörterdoppelung und größerem
Wohllaut des Klangs erreicht wird, gewann überhaupt. Wie viel es gerade
war, läßt fich leicht ermeffen, aber nicht
zufammenrechnen.

4. An Stärke gewann fie das, was fecke
und doch genaue Zufammenfetzung ge-

D 3 währen

währen kan. Opiz vereinte oft drey
Wörter wie Klopſtock Sphärengeſangs-
ton. Sonſt brachte der ganze Zeitraum
keine neue Einungsarten auf die Bahn,
aber mittelſt der alten berichtigten und
beſſer beſtimmten ſchuff er nach Maas-
gabe der Ideen und Empfindungen neue
treffende Ausdrücke. Auch dieſer Vortheil leidet keine genaue Beſtimmung, denn
die Anwendung war, iſt und bleibt gren-
zenlos.

5. Ein groſſer Gewinn an Stärke und Ausdruck war die mannichfaltigere, kühnere
leichtere, deutlichere Bauart der Redeſätze. Wirklich that dieſe Periode hierin
einen Fortſchritt, deſſen Wichtigkeit nicht
erklärt werden darf.

Sechs-

Sechster Zeitraum.

Von

Klopstock und den Schweizern

bis?

Mehrere glückliche Umstände vereint bewirkten eine höchstmerkwürdige Veränderung, womit eine neue Periode anhebt. Klopstocks
Namen muß diese Denkzeit tragen, nicht weil
er der allererste und einzige Veränderer, sondern weil er der hervorragendste und bewunderungswürdigste war.

Den Hauptanlaß zu einer beträchtlichen
Umbildung der Sprache gaben unstreitig
Breitinger und Bodmer, zwar nicht als Muster,
sondern als Wegweiser, als Lehrer eines bessern

Ge

Geschmacks, als heftige Feinde des elenden
Gottscheds. Gleich anfangs drangen sie stark
auf das Studium der Volkssprache und treff-
licher englischer Dichter. Haller that grosse
Schritte auf diesem Pfade. Der Ausdruck in
seinen frühsten Gedichten hat zwar etwas
Rauhes, aber dabey ist er körnig und voll
Nachdruck. Zugleich zeigte sich Hagedorn mit
einer weit angenehmern Schreibart als die
seiner Zeitgenossen war; und mehrere andere
folgten allmählich.

Alle verdunkelte Klopstock, der grosse dichterische Geist, dem, nach Herders Ausdruck,
die damalige Sprache zu enge war, wie Alex-
andern Macedonien. Wer seine ersten Ge-
sänge mit irgend einem vorhergehenden Gedichte vergleicht, dem muß er als ein Schöpfer
wenigstens der Dichtersprache erscheinen, denn
er ist neu und vortreflich in allem. Wie von
einem

einem elektrischen Feuer geweckt giengen zugleich in jedem Fache menschlicher Kunst und
Erkenntniß trefliche Männer hervor. Die
ganze Periode ist überhaupt eine fast einzige
Erscheinung in der Geschichte des menschlichen
Geistes, denn in welchem Reiche, in welchem
Zeitalter sind binnen 40 Jahren so viele Meister
in jeder Kunst und Wissenschaft aufgetreten,
als in Deutschland?

Da diese Periode noch nicht geendiget ist,
so will ich mich in eine genaue Entwicklung der
Begebenheiten und ihrer Ursachen nicht ein-
lassen, sondern sogleich zur Frage übergehen.
Was hat denn die Sprache an Ausdruck und
Stärke gewonnen und auf welchem Wege?

Der wichtigste Grund jener grossen Umwandlung war unstreitig das Studium der
Seelen — und Geschmackslehre. Sobald man

D 5   mit

mit diesen Kenntnissen ausgerüstet, von mächt=
igen Empfindungen und Leidenschaften ge=
drungen die Sprache gebrauchte, so mußte sie
eine ganz andere Bildung annehmen. Diese
vorgenommene Umbildung bestand hauptsäch=
lich in folgendem.

1. Viele alte Wörter und Redensarten
wurden wieder auf und angenommen. Un=
streitig gebührt den Schweizern, wobey Drol=
linger nicht zu vergessen, ein grosser Theil
dieses Verdienstes. Frühzeitig machte Bodmer
in seinen kritischen Briefen und andern
Schriften auf die Minnesingersprache auf=
merksam, und schenkte uns dann die schöne
Sammlung von 140 Minnesingern, Chriem=
hilden Rache und eine neue vermehrte Aus=
gabe von den Bonerischen Fabeln. Leonhard
Frisch gab uns ein vortrefliches lateinisch=
deutsches Wörterbuch, worin er die Bedeutung=

en

en vieler alten und neuen Worte theils erst entdeckte, theils weiter aufklärte; dadurch denn die genaue Kenntniß unserer Sprache sehr erleichtert und befördert ward. Unsre vorzüglichste Sprachkenner und Schriftsteller studirten die alten Denkmale und nahmen Worte und Redensarten herüber. Klopstock schöpfte vieles aus Luthern, Rammler und Lessing schenkten den Worten: Degen, Afterwelt, und vielen andern das Bürgerrecht wieder; noch häufiger bedienten sich der alten Schätze Göthe, Bürger und Wieland in seinen neueren Schriften. Recht fühlbar ist der hieraus entstandene Gewinn. Das ganze Aussehn der Sprache, in welche das alte Gold gut eingeschmolzen ist, hat mehr Inniges, Vaterländisches, Eigenthümliches und stärkere Nebengefühle Erweckendes, als die kahle neuere.

2. Die

2. Die Volkssprache erhielt mehrere Aufnahme und gewährte dafür ebenfalls obige Vortheile, wie besonders die Möserische Schriften bezeugen. Gewiß kann auch das Hochdeutsche noch immer aus den besondern Mundarten, vorzüglich der sanften, angenehmen, ausdruckvollen Niedersächsichen, mit großen Nutzen bereichert werden. Wer sich davon überzeugen will, der lese das noch lange nicht vollständige Bremisch - Niedersächsiche Wörterbuch.

3. Unzählliche neue Wörter wurden gebildet. Zwar wurden keine neue Bildungsweisen eingeführt, aber diese wurden berichtigt, die Bedeutungen der zusammen zusetzenden Silben und Redetheile wurden besser bestimmt und feiner unterschieden. Diese Bildunsarten und die Zusammensetzung sind unergründliche, ewigergiebige Fundgruben für den Ausdruck,

je

je mehr sie bearbeitet wurden, je reiner fiel die
Ausbeute aus. Man nehme nur

a) die Endsilben icht, ig, ern, lich, isch,
haft, sam u. s. w. welche unvergleich-
liche, die feinsten Verschiedenheiten und Ab-
fälle bezeichnende Namen können sie nicht
schaffen? Schufen sie nicht? Unsre
Sprache ward hiedurch ausnehmend ver-
schönert und wird es noch täglich: ohngeachtet diese Kleinodien nur Kenner-
augen sichtbar sind. Beweise finden sich
in vielen Werken, und ich will daher
nur ein einziges Beyspiel geben. Wieland wußte aus der Bedeutung der Silben isch und lich und der Analogie (kind-
isch und kindlich, richterisch und richt-
erlich u. s. f.) daß erstere gewisse Be-
schaffenheiten in ganzer Stärke und oft
von einer schlimmen, ungünstigen Seite

an-

andeute. Seinem Idris hatte er eine Rede in den Mund gelegt, welche voll Schwärmerey war; die Schwärmerey aber war von einer liebenswürdigen, geringeren Gattung. Schwärmerisch konnte er nun jene Rede nicht nennen, wenn sie von der wahren Seite bezeichnet werden sollte. Wie drückte er sich also aus? durch schwärmerlich.

— — — rief Idris schwärmerlich: denn lich bedeutet nur was gleichsam, oder nicht unliebenswürdig ist.

b) Die Vorsezwörter an, ein, über, nider, auf, herunter, ab, weg, ent u. s. w. welche Kürze, welchen malerischen, starken, Ausdruck gewähren sie nicht durch die Einung! Umherhorchen, hinhorchen, zu seinen Vätern hinüberschlummern, verhallen, niderdonnern, herunterbraubrausen und zahllose ähnliche Wörte sind Beyspiele. Klopstock brachte diese Schäze erst recht in Gang. Welche Stärke und welcher genaue, gleichsam hinmalende Ausdruck dadurch erhalten worden ist, brauch ich nicht mit Stellen zu zeigen, da sie einem in allen gut geschriebnen Werken häufig entgegen kommen.

4. Die Fähigkeit der Sprache: die Erreichung eines Zwecks, die Erhöhung, oder Erniedrigung zu einer gewissen Stuffe durch Thätigkeit oder Leiden, blos durch das Zeitwort und die Wörtchen aus, zu u. s. w. anzudeuten, ward vervollkommet, stärker geübt. Hiedurch gewann sie einen unschätzbaren Zuwachs an Kürze, Kraft und Sinnlichkeit. Wenn andre Sprachen sagen: Caffarelli hat sich durch sein Singen ein Herzogthum erwor-

erworben; so kann die deutsche es kürzer und dichterischer: Caffarelli hat sich zum Herzog gesungen: der Jüngling hat sich zu einem abgelebten Scheusal gehurt; der Höfling hat sich zum Minister getanzt; der Schalk hat sich aus dem Gefängniß gelogen und s. w. Dieses ganz herrlichen Vortheils hat man sich in dem vorigen Zeitraume wenig bedient; in dem jezigen habe ihn viele Schriftsteller hervorgezogen und erweitert, am meisten Lavater. Von Beyspielen sind seine Physiognomische Fragmente voll.

5. Stellung der Wörter ward freyer, der Redesatz mannichfaltiger. In welchem vorhergehenden Dichter finden sich solche Schlingungen und Versetzungen in einem Perioden, als folgende in Klopstock sind.

Gekühlt von dem wehenden Quell
Saß und hatt' auf die Telyn sanft

Sich

Sich gelehnt Braga. Jetzt brachte
Geister ihm,
Die sie, in Nächten des Monds,
Liedern entlockt,

Die Norne Werandi, und sie
Hatt' in Leiber gehüllt, die ganz
Für den Geist waren, ganz jeden leisen
Zug
Sprachen, Gebilder, als wärs
wahre Gestalt. *)

oder nur wie dieser weit weniger verflochten?

Die der Fremdling nicht entweichte (Teuto-
nien erlag
Nur Siegen, unerobert!) o freyere, dich
Wagte der Geschreckten Fessel nicht
Zu fesseln! **) - - - - - -

P   Mei-

---

*) Oden. Skulda.
**) In der Ode: Unsre Sprache.

Meinem Gefühle nach ist die Versetzbarkeit
unsrer Sprache in ihrem sechsten Lebensalter
ziemlich zum erwünschten Ziele gekommen, so
weit es nämlich ohne characterische Abänderung und Abwandelung möglich ist. Will
der Sprecher oder Schriftsteller unsere Aufmerksamkeit auf ein Bild, einen Gedanken
stark oder plötzlich hinziehen, so sind die Wörter
und Redetheile geschmeidig genug sich versetzen
zu lassen; aber andernseits sind sie auch so gut
gebildet und auf diese Bildung so eigensinnig,
daß ohne triftigen Grund sie ihre gewöhnliche
Ordnung nicht verlassen. Dieß ist das wahre
und einzige Mittel durch bloße Stellung der
Worte Nachdruck und Stärke zu erreichen.
Wenn Wieland 159) singt:

— — wandle
Wie es dem Erben der Ewigkeit

Ge-

159) In der Ode auf die Geburt des Erlösers.

Geziemt; zwar noch der Fuß im Staube
Ueber den Sternen der Geist.

so ergreift uns zweifach ein erhabenes Gefühl:
denn durch die ungewöhnliche Stellung der
letzten Worte wird unsre Aufmerksamkeit er=
schüttert.   Man übersetze die Verse in das
Griechische oder Lateinische; der halbe Nach=
druck fällt hinweg; weil hier jene Wörterfolge
nimmer auffallend ist. — Daß übrigens die
vermehrte Versetzbarkeit noch andre erhebliche
Vortheile, Mannichfaltigkeit, Fluß der Rede,
Wohllaut u. s. w. besonders in Geschichtser=
zählungen verschafft habe, will ich nur be=
merken, nicht erläutern.

6. Hilfszeitwörtchen und andre Redetheile
wurden häufiger ausgelassen, Mittelwörter
schicklicher und häufiger gebraucht.   Auch das
führte wieder Klopstock hauptsächlich ein; und

kein

kein Neuerer hat ihn noch an glücklicher Anwendung erreicht. In seiner Ode, die Zu-
kunft sagt er: der Tod führe uns

Von der Geduld steinigem Pfad in ein
heitres
Wonnegefild! Zur Gesellschaft der Voll-
kommenheit!
Aus dem Leben, das bald durch Felsen
Zögernder fließet und bald

Flüchtiger da, wo, zu verblühn, die be-
kränzten
Frühling' ihr Haupt in des Thaus Glanz
und Gerüchen
Schimmernd heben; es spiel' hinun-
ter,
Oder es säume, Geschwäz!

Wer denkt sich nicht gleich die Worte: immer
nur, oder, so ist es dennoch nur — Geschwätz

schwätz hinzu? — Für = und Beziehungswört=
chen läßt der nämliche Dichter ohnehin oft
aus. Z. B.

Töne mir, Harfe des Palmenhains,
  Der Lieder Gespielin, die David sang,
    Es erhebt steigender sich Sions Lied
      Wie des Quells, welcher des
        Hufs Stampfen entscholl.

Ueberhaupt ist er in der Kunst des kurzen Aus=
drucks unser aller Meister, und seine Werke
müssen auch in dieser Rücksicht zehnmal gele=
sen werden. Um die Liebhaber der Mutter=
sprache aufmerksam darauf zu machen, hätte
man seine Sprache von dieser Seite längst
näher entwickeln sollen. Einiges also noch
zur Probe. Wenn er von des Preussischen
Königs Verachtung deutscher Dichtkunst zielt,
singt er: 160).

P 3   Zur

160) In der Ode Kaiser Heinrich.

Zur Wolke steigen, rauschen wie Leyerklang

Der deutschen Dichter Haine, Begeisterer

Wehn nah am Himmel sie. Ihr selbst
auch

Fremdling, durchdrang er die Lorber-
höh nicht.

Schnell Fluß, und Strom schnell, stürzen,
am Eichenstamm

In deinem Schatten, Palme, die Quellen
fort.

Nicht mit der Rechte schöpft der Dichter

Feuriger, leckt er die Silberquellen.

und dem Nachahmer ¹⁶¹) ruft er zu.

Barde, so bist du kein Deutscher! ein Nachahmer

Belastet vom Joche, verkennst du dich selber!
Rei-

---

¹⁶¹) In der Ode: der Nachahmer:

Keines Gesang ward dir Mara-
thons Schlacht!

Nächt' ohne Schlaf hattest du nie!

d. i. keines Dichters Gesang erregte der Edlen
Ruhmbegier und die Nacheiferung in dir,
welche die Marathonische Schlacht in Themi-
stokles erregte, daß er sprach: Miltiadis Tro-
paea me non sinunt dormire.

Auch in der Prosa hat Klopstock Muster
von Kürze und Stärke im Ausdruck gegeben.

Unglückliche große That. [162])

Eine Cohorte Usipier, gezwungen für die Römer zu streiten und wider die Kaledonier, ein
„freyes Brudervolk, verachtete, um sich nicht
„so zu entehren, Gefahren, wie sie die Schlacht
„nicht hat. Sie verließ die Legion, in welche

P 4   „sie

[162) S. Denkmale der Deutschen in der Gelehrten Republik S. 243.

„ſie eingekerkert war, tödtete ihre Waffenlehrer,
„ſtürzte ſich in drey Nachen, warf die treu-
„loſen Schiffer ins Meer; trieb um Britta-
„nien, kriegte auf der Fahrt, nicht zu ver-
„hungern, oft ſiegend, ſelten beſiegt, aß erſt
„Sterbende, dann Geloſte, ſtrandete am
„Ufer des Vaterlands und wurde von Deut-
„ſchen in die Feſſel verkauft und in der Gal-
„lier.“ —

Und wodurch iſt dieſe Kürze erreicht word-
en? Durch Auslaſſungen, Zuſammenſetzungen,
Mittelwörter und gute Stellung der Redetheile.
Auffallend iſt es auch in dem Denkmale.

Der verdiente Triumph. [163])
Domitius Aenobarbus, nur er unter allen
Römern, kam bis über die Elbe; ein Gang
„unmerklicher Spur, aber dennoch, wegen der
„kühnen Neuheit, bis zum Triumphwagen.“

Gerne

---

[163]) Ebendaſ. S. 243.

Gerne wollte ich noch Proben aus andern Schriftstellern, vorzüglich Fulda und Lavatern, anführen; aber des Raums wegen darf ich den Beweis, daß Kürze und Stärke der Sprache im sechsten Zeitraum sehr gewachsen sey, nicht mit weitern Belegen erhärten.

7. Zusammensetzungen wurden kühner, häufiger; die Bedeutung der Wörter berichtigter; die ganze Natur der Sprache bekannter — So ungemein der hieraus zugeflossene Gewinn ist, so will ich dennoch nicht lange dabey verweilen, weil er jedem in die Augen springt. Die Zusammensetzungskunst ist durch Klopstock, Denis, Lavater und andre so weit getrieben worden, daß unsre Sprache es von dieser Seite der Griechischen so ziemlich bieten darf. Selbst bey Pindarn ist sie unter Gedikes Bearbeitung hierin nur wenig zurückgeblieben.

P 5   Wört-

Wörterdoppelung ist die Hauptquelle neue Kraft und neuen Reichthum zu schöpfen. Die vorigen Perioden versäumten das auch nicht; aber die Gegenwärtige that es mit mehr Geschmack und wußte die Schätze besser und auf mehrere Gegenstände anzuwenden. Lavater hat in seiner Physiognomik Dinge zum Erstaunen damit ausgerichtet.

Was vermehrte Kenntniß der Sprache durch die Bemühungen eines Fulda, Adelung, Hemmer, Oberlin und so vieler andern gefruchtet habe und noch fruchtet, kann nicht hier zusammengerechnet werden. Reinheit, Richtigkeit, Schönheit und Reichthum der Sprache waren unausbleibliche Folgen. Manche derselben fühlen wir zwar noch nicht, aber — oft erst am Ende des Streits zeigt sich der Gewinn, den die Wahrheit erhält. Je mehr in den Alterthümern graben oder je

tiefer

tiefer wir in die Quellen dringen, je mehr Goldstücke werden wir noch, herausziehen. Ich will nur des einzigen Worts Ironie gedenken. Sulzer setzte in seiner Theorie der schönen Wissenschaften Spott dafür. Aber hätten ihm nicht die alten Denkmäler den ungleich richtigern, vortreflichen Ausdruck Spottscherz hingeboten, wenn er sie fleißiger besucht hätte? Oder hätten ihn nicht Sprachgesetze und Aehnlichkeiten darauf geleitet, wenn er sie erforscht hätte?

Unermeßlich ist der Gewinn, den auf diese Weise die Sprache, in Vergleich mit den vorigen Zeiten, an Ausdruck erhielt.

I. Im Dichterischen. Vor Klopstock hatten wir keine eigentliche Dichtersprache. Gute Prosa, in Reimen eingezwängt oder in gewisse ähnliche Silbenreihen gefaßt, war von ihr nicht

nicht unterschieden. Aber jezt fühlen wir,
daß ausser dem Dichterischen des Gedankens
auch auserlesene Wörter, eigne Stellung derselben und eine besondere Farbengebung, nach
Maßgabe der Gegenstände, dazu erfordert
werden. Durch was anders ist folgende
Strophe poetisch.

Die Neune betraten den Hain
Stolz, und horchten mit trunknem Ohr
Dem Geschwätz, welches laut Stimm-
enschwärme schrien,
Und von dem wankenden Stuhl
Richter am Thal.

Was unsre Sprache jezt in der Epopäe ver-
möge, haben Klopstock im Messias und Bürger
in der Verdeutschung Homers bis zur Bewunderung gezeigt: was sie in der Ode sey, sehen
wir aus Rammler, Uz, und vor allen aus
Klopstock; was sie in Erzählungen, Idyllen,
und

und malerischen Beschreibungen leiste, geben Wieland, Geßner, Gerstenberg, der Mahler Müller und andre zu erkennen. Die dramatische Sprache war vorher einförmig, frostig, schleppend; was ist sie nun unter den Händen Lessings, Göthe's, Gerstenbergs geworden? Geschmeidig, mannichfaltig, rund gedrungen, warm, kurz was der Dichter will. Und so ist keine Gattung Poesie, zu der sie nicht bis zum Vortreflichen ausgebildet worden wäre.

2. Im Prosaischen. Man hört bisweilen noch Klagen: es fehlten uns gute Prosaisten, aber die Kläger scheinen nicht zu wissen was sie wollen, oder kennen diese Leute nicht. Allen Gegenständen ist unsre Sprache angemessen; und wer sie schilt, ist gewiß ein elender Reimjäger oder ein allzu unbescheidener Forderer; denn mußten nicht die treflichsten Meister treflicher Sprachen, ein Cicero und Demosthenes,

bey

bey ähnlichen Gegenständen mit ähnlichen Wendungen und gleichförmigen Einkleidungen sich begnügen? Laßt uns einzelne Fächer näher beleuchten.

Das **Romische** verlangt hauptsächlich Reichthum an Worten, zusammengesetzte Namen, und eigenthümliche Einungsarten. Die vorige Periode vernachläſſigte dieſe Gattung von Schreibart ſehr, und man findet nicht einen Meiſter darin. In der gegenwärtigen wurden jene Fundgruben alle bearbeitet, und welche Laune iſt ſo muthwillig und ſonderbar, daß ihr unſre Sprache einen ſehr guten Aus-, druck verſagen ſollte? Was haben nicht Leſſing, Wieland, Lichtenberg und Bode, mit ihr aus- richten können? Man frage einen Lavater und Götze.

Redekunſt will edle Worte, majeſtätiſch- lange Namen, Wohllaut, kühne Zuſammen-

setzungen

ſeßungen, lauter Dinge, welche unſre Sprache hinbiethet. Eben dieſe Fähigkeiten wurden erſt in neueren Zeiten ausgebildet, und auch da ſchlummerten ſie noch eine Weile, bis Jeruſalem, Lavater und andre ſie auf der Kanzel; auf dem andern Stuhle aber Engel in der muſterhaften Lobrede auf den König ſchimmern lieſſen. Wer dieſe Proben beyderley Art von Rednerſprache mit Beyſpielen aus dem vorigen Periode vergleichen will, der thue es; mir dünkt es faſt muthwilliger Spott.

Zur Geſchichte ward der Ausdruck durch Verſeßungen, abgeleitete Worte, Freyheit im Bau des Redeſaßes, Mittelwörter und vorzüglich Auslaſſungen ſchleppender Redetheile ungleich tüchtiger. Man ſtelle den Struven, Bünauen, u. ſ. w. einen Möſer, Schlözer, Johann Müller, und hauptſächlich Bahrd, als den Ueberſetzer des Tacitus entgegen, welche

him=

himmelweite Verschiedenheit an Nachdruck, Anmuth, Rundе, Mannichfaltigkeit der Sprache!

Auch zur **Philosophie** in weitester Bedeutung ist ihr Geschick sehr gewachsen. Grössere Richtigkeit und Bestimmung; ungleich grösserer Reichthum an Namen und Benennungen; feinere Unterscheidung der Stuffen! genaue Bezeichnung der Aehnlichkeiten, vor allem aber treflicher Ausdruck für das allweite Reich der innern Empfindungen. Wolf würde gewiß das Lateinische zu unsern Zeiten gar nimmer zur Entwicklung der Seelenlehre brauchen; Cicero selbst würde es nicht, wenn er unsrer heutigen Sprache mächtig wäre. Ich darf nur, statt aller Beweise, Namen nennen — Mendelssohn, Lessing, Abt, Zimmerman, Garve, Eberhard, Engel, Lavater, u. s. w. Von einer **Kunstsprache** wußte noch die vorige

ige Periode nichts. Nun haben wir eine und
eine ausgebildete vortrefliche. Winkelmann
und Lessing sind die Häupter; aber auch ein
Heinse, Junker und andere haben vieles darin
geleistet.

Mit Vorsatz habe ich die Untersuchungen
des Fortschritts der Sprache in diesem sechsten und letzten Zeitraume mit wenigen Beyspielen und Mustern belegt, weil ich sie als
sehr bekannt voraußsetzen muste, und die Abhandlung allzusehr erweitert worden wäre.
Doch will ich hie zu Ende einige kurze Stellen
einrücken, daß die Verschiedenheit der Sprache
in ihrem jezigen und vorigen Lebensalter auffallend und der Eindruck desto stärker und
bleibender werde. Sie seyen aus Lavaters
Physiognomischen Fragmenten gewählt, weil
man Muster von dichterischem und philosophi-
schem Ausdruck, von Kürze und Sinnlichkeit

Q   wie-

wiewohl oft mit Ueberfüllung und Unrich=
tigkeiten vermischt, daselbst beysammen antrift.

Michelange Buonaroti.

„Freylich nur Larve des kraftvollen Man=
„nes — aber doch im Ganzen entscheidender,
„sich ankündender Ausdruck von Drang, Fülle,
„Festigkeit, Mannichfaltigkeit, umfassender
„Kraft. Fern alle Sanftheit und alle Grazie
„von oben bis unten. Diese hohe, vordrin=
„gende, gefaltete Stirn; diese gegen die Nase
„sich wild abneigenden Augenbraunen; diese
„breitgedrückte Nase; dieser Blick; dieses wild=
„krause Barthaar — alles dieses ist harmoni=
„scher Ausdruck von anmuthloser, unbiegsamer
„Vollkraft. Das Auge, wiewohl hart und
„schlecht gezeichnet, ist voll der durchdringend=
„sten Schaukraft. Ganz ergreifts und um=
„schafft's seinen Gegenstand. Das Ganze ist
„ein Löwengesicht.

Cäsar.

Cäfar.

Welche verzerrte Reſte des erſten unter den Menſchen! Schatten von Hoheit, Feſtigkeit, Leichtigkeit, Unvergleichbarkeit ſind übrig geblieben. Aber die gekräuſelte, unbeſtimmte und fatal zurückgehende Stirne! das verzogene abgeſchleppte untere Augenlied! der ſchwankende abziehende Mund! — Vom Halſe ſag' ich nichts — Im Ganzen eine eherne über-tyranniſche Selbſtigkeit.

Der Umriß! wie wahrhaft groß, rein und gut! Mächtig und gewaltig ohne Trutz! Unbeweglich und unwiderſtehlich. Weiſe, thätig, erhaben über alles, ſich fühlend Sohn des Glücks, bedächtig, ſchnell — Inbegriff aller menſchlichen Gröſſe.

Bild eines Jünglings. [164]

„Immer der innige Empfinder, nie der

Q 2   tiefe

---

[164] 2ter Verſuch S. 244. und 245.

„tiefe Ausdenker; nie der Erfinder, nie der prüf-
„ende Entwickler der so schnellerblickten, schnell-
„erkannten, schnellgeliebten, schnellergriffnen
„Wahrheit. - - - Ewiger Seher! Schweber!
„Idealisirer! Verschönerer! — Gestalter aller
„seiner Ideen! Immer halbtrunkner Dichter,
„der sieht, was er sehen will, — nicht der trüb-
„sinnigschmachtende, nicht der hartzermal-
„mende, aber der hohe edle Gewaltige! der mit
„gemässigtem Sonnendurste in den Regionen
„der Luft hin und herwallt, über sich strebt
„und wieder — nicht zur Erde sinkt! zur
„Erde sich stürzt, in des Felsenstroms Fluthen
„sich taucht und sich wiegt im Donner der hall-
„enden Felsen umher! — Sein Blick nicht
„Flammenblick des Adlers! seine Stirn und
„Nase nicht Muth des Löwen! seine Brust nicht
„Festigkeit des streitwiehernden Pferdes! Im
„Ganzen aber viel von der schwebenden Gelenk-
„samkeit des Elephanten."

Brutus.

Brutus. [165]

„Welche Kraft ergreift dich mit diesem
„Anblicke! Schau die unerschütterliche Gestalt!
„Diesen ausgebildeten Mann und diesen zu-
„sammengeknoteten Drang. Sieh das ewige
„Bleiben und Ruhen auf sich selbst. Welche
„Gewalt und welche Lieblichkeit! Nur der
„mächtigste und reinste Geist hat diese Bildung
„ausgewürkt.

„Eherner Sinn ist hinter der stellen Stirne
„befestigt, er packt sich zusammen und arbeitet
„vorwärts in ihren Höckern, jeder, wie die
„Buckeln auf Fingals Schild von heischendem
„Schlacht- und Thatengeiste schwanger. Nur
„Errinnerung von Verhältnissen grosser Tha-
„ten ruht in den Augenknochen, wo sie durch
„die Naturgestalt der Wölbungen zu anhalten-
„dem mächtigwürksamen Antheil zusammen-

Q 3

„ge-

„gestrengt wird. Doch ist für Liebe und Freund-
„schaft in der Fülle der Schläfe ein gefälliger
„Sitz überblieben. — Und die Augen! dahin
„blickend. Als des Edlen, der vergebens die
„Welt auſſer sich sucht, deren Bild in ihm
„wohnt, zürnend und theilnehmend. Wie
„scharf und klug das obere Augenlied; wie
„voll, wie sanft das untere! Welche gelinde
„kraftvolle Erhabenheit der Nase! - - - - In
„der Ableitung des Muskels zum Munde her-
„abschwebt Geduld, in dem Munde ruht
„Schweigen, natürliche liebliche Selbstgelas-
„senheit, die feinste Art des Trutzes. Wie
„ruhig das Kinn ist, und wie kräftig ohne
„Gierigkeit und Gewaltsamkeit sich so das
„Ganze schließt!

„Mann verschloſſener That! langsam reif-
„ender, aus tausend Eindrücken zusammen
„auf einen Punkt gewürkter, auf einen Punkt
„ge-

„gedrängter That! In dieser Stirne ist nichts
„Gedächtniß, nichts Urtheil; es ist ewig ge-
„genwärtiges, ewigwürkendes, nie ruhendes
„Leben, Drang und Weben. Welche Fülle
„in den Wölbungen aller Theile! wie ange-
„spannt das Ganze! Dieses Auge faßt den
„Baum bey der Wurzel.

„Ueber allen Ausdruck ist die reine Selbst-
„igkeit dieses Mannes. Beym ersten Anblick
„scheint was verderbendes dir entgegen zu
„streben. Aber die treuherzige Verschlossen-
„heit der Lippen, die Wangen, das Auge
„selbst! — Groß ist der Mensch, in einer
„Welt von Großen.“

*

So waren die Veränderungen welche sich seit
Karl des Großen Zeit mit der deutschen
Sprache eräugnet haben! so lange mußte sie
wachsen, bis sie die gegenwärtige Höhe er-
langte.

langte. Aber wer wird auch jenem Alder-
mann jezo nicht beystimmen, der dem Geschichtschreiber unsrer Sprache folgende Worte
einzuprägen suchte? 166).

„Jüngling oder Mann, denn ich weiß
„nicht, wer es thun wird, merke dir zuerst
„und vor allen Dingen, daß deine Sprache
„eine reichhaltige, vollblühende, fruchtschwere,
„tönende, gemeßne, freye, bildsame (doch
„wer kann von ihr alles sagen, was sie ist?)
„männliche, edle, und vortrefliche Sprache
„ist, der es kaum die Griechische und keine
„der andern Europäersprachen bieten darf."

_____

166) Klopstocks Gelehrtenrepublik S. 169.

Ueber

Ueber

das Sonderbare

der deutschen

Höflichkeitssprache

im Gebrauche

der Fürwörter.

Von

Herrn Professor Günther.

Die Geschichte der Sprache eines Volkes ist
auch die Geschichte des Charakters desselben.
Da Sprache nichts anders ist, als Ausdruck
unserer Begriffe und Gesinnungen; Begriffe
aber und Gesinnungen in ihrer mannichfaltigen Mischung die Verschiedenheit der Charak-
tere ausmachen; so ist Sprache der treueste
Spiegel, welcher uns den Charakter einer Nation unverfälscht darstellen kann. Man darf
nur einer Sprache von ihrer rohen Kindheit
an durch ihr fortschreitendes Stufenalter bis
zur höchsten Vollkommenheit mit forschendem
Blicke nachspüren: man wird augenscheinlich
bemerken, wie eng die Geschichte der Sprache
mit der Geschichte des Geistes und der Denkungsart eines Volkes verwebt ist. Deswegen
hat

hat man, um die stufenweise Fortschreitung
der Aufklärung eines Volkes genau zu bestimmen, beynahe keine andern Epochen zu bemerk-
en, als jene der Bildung und Verfeinerung
seiner Sprache, in welchen sie sich durch verschiedene Veränderungen bis zu ihrer völligen
Ausbildung hinauf geschwungen hat. Das
deutsche Volk, so bald es in der Geschichte auf-
tritt, und wie es uns Cäsar und Tacitus ab-
schildert, war wild, ungestümm, aufbrausend,
und einem wilden Waldstrom ähnlich, das
weder Schranken noch Fessel leiden konnte.
Diese rohe Wesen der Nation, und ihre feurige Kindheit fällt mit jener ihrer Sprache in
gleiche Zeiten: auch diese war dazumal noch
so unbändig, daß sie sich — wie nicht die
Römer allein bezeugen, sondern auch selbst
die Franken in der Folge noch beklagten —
nicht einmal durch Schrift auf Papier halt-
bar machen ließ.

Sie-

Sieben lange Jahrhunderte durch sah man
unter unserem Volke keine merkliche Spuren
der Vervollkommerung unserer Sprache, aber
auch keine merkliche Schritte zur Aufklärung
des Geistes und Veränderung des Charakters;
bis endlich Karl der Große eben die Hand,
womit er in Deutschland Lorbeer sammelte,
und ganz Europens Völkerheil wog, eben die
Hand an das Werk legte, auch unserer Sprache
Gesetze fürzuschreiben, und sich dadurch nicht
geringere Verdienste um die Bildung der Sprache, als des Geistes der deutschen Nation gemacht hatte. In diesem kühnen Fortschreiten
sehen wir den Uebergang von der Kindheit
zum Jünglingsalter unserer Sprache, und unseres Volkes, das mit jugendlicher Kühnheit
in allen Theilen Europens umherschweifte,
dort Königreiche umstürzte, hier neue auf deren Trümmern errichtete, ohne dennoch ein

gewis-

gewiſſes feſtgeſetztes und zuſammenhängendes
Weſen, — ſo wie es auch ihre Sprache noch
nicht hatte — in ihrer Staatsverfaſſung zu
behaupten.

Groß war der Vorſchritt zur Verfeinerung
der Sprache und gänzlicher Umſtimmung des
Charakters, welchen unſere Nation unter den
ſächſiſchen und ſchwäbiſchen Kaiſern that. Die
Minne und Meiſterſänger, welche an den Hö=
fen dieſer Kaiſer auftraten, ſind ein Beweis,
daß die Mutterſprache dazumal ſchon ſehr
geſchmeidig und biegſam geworden war. Den=
noch Ritterſpiele, Kreuzzüge, Fehden, Fauſt=
recht, und überhaupt der noch zu kriegeriſche
Geiſt, welcher dem Jugendalter ſo eigen iſt,
verhinderte die völlige Ausbildung der Sprache,
woran unſer Volk in dieſen Zeiten der Däm=
merung ſo nahe war.

Den

Den allmählligen Uebergang von dem Jugendalter zu dem männlichen unseres Volkes können wir auf die Zeiten Maximilians deß ersten festsetzen, wo die deutsche Sprache sowohl als Staatsverfassung anfieng, ein gewisses festgesetztes Wesen zu bekommen, daß sie nun nicht mehr so schwankend und unbestimmt willkührlicher Veränderungen ausgesetzt war. Mit Riesenschritten näherte sie sich ihrer Vervollkommerung; Urkunden, Kirchengesang, Verordnungen und gerichtliche Aufsätze wurden nun häufiger in der Muttersprache abgefaßt, und verdrangen aus dieser Stelle und ihrem verjährten Besitzungsrechte die in den vorigen Jahrhunderten so herrschende Sprache der Römer.

Wie man nun aus diesen verschiedenen Stufenaltern unserer Sprache ganz untrügliche Schlüsse

Schlüsse auf den Charakter des Volkes und dessen mannichfaltige Umstaltung machen kann: so muß die in den jüngern Zeiten veränderte Gestalt unserer Sprache ihr feines, geschmeidiges und biegsames Wesen, welches sie angenommen, und der Wohlklang, Reichthum und Nachdruck, wohin sie sich erschwungen hat, zwar ein sehr vortheilhaftes Licht auf die Schilderung des verfeinerten Charakters der neuen Deutschen hinstralen.

Wenn aber bey allen diesen schmeichelhaften Vorzügen man auch einen Blick hinwirft auf die unnatürliche gezwungene und kriechende Höflichkeitssprache, welche sich wieder alle Philosophie der Sprachen empört, und sich seit dieser Verfeinerung in die unserige, besonders im Gebrauche der Fürwörter, eingeschlichen hat, ja sich täglich noch mehr verbreitet; wenn

man

man von diesem Gesichtspunkte aus den Charakter unseres neuen deutschen Volkes bestimmen
wollte: so würde gewiß, wenigstens nach meinem Ideale, die Schilderung nicht gar günstig
für uns ausfallen. An der Seite der Alten,
in ihren Ausdrücken zwar rauhen und ungekünstelten, aber in sich desto aufrichtigeren
Deutschen, wie ihr Bild Tacitus aufstellt; oder
deren in dem mittlern Alter, wo biedrer, auf-
richtiger und offenherziger Rittergeist die ganze
Nation adelte: so ein Bild aufgestellt an die
Seite eines in seiner Sprache so gezwungenen,
kriechenden, und sich schmiegenden Völkchens
würde einen eben so erniedrigenden Kontrast
machen, als das Bildniß eines alten von Ei-
sen starren Ritters im Gefolge seiner gepan-
zerten Riesensöhne absticht, gegen das Bild
eines süssen kriegerischen Stutzers an der Spitze
seiner gepuderten Männer.

R   Es

Es ist in der That der Mühe werth, diesem abweichenden Gange unserer Sprache
Schritt vor Schritt nachzugehen, und die Quellen aufzusuchen, woher diese verderblichen Höflichkeitsausdrücke ihren Ursprung genommen;
die abwechselnden Epochen zu bestimmen, wie
sie sich von Jahrhunderten zu Jahrhunderten
vergrössert; und ihre Ausbreitung, von welchen Gegenden her sie sich nach und nach über
ganz Deutschland ergossen haben, in einem
geschichtlichen Plane mit Urkunden bestättigt
darzulegen. —

Welch ein helles Licht würde dadurch nicht
nur über die Geschichte unserer Sprache, auch
über die Veränderung der Sinn- und Denkungsart des deutschen Volkes verbreitet werden? Für itzt muß ich mich in engere Grenzen
einschliesen, und mich nur damit beschäftigen,

einen

einen flüchtigen Umriß dieser Geschichte der
deutschen Höflichkeitssprache, besonders in
dem Gebrauche oder vielmehr Mißbrauche ihrer
Fürwörter, zu entwerfen; dann einige Gedank-
en, so wie über den Ursprung derselben,
als auch über den verderblichen Einfluß,
welchen sie nicht nur auf den inneren Bau
der Sprache, sondern auch selbst auf den
Charakter der Nation hat, beyzufügen.

Muße, und Gelegenheit mich mit alten
Urkunden bekannter zu machen, besonders mit
alten deutschen Briefen, worinn die Sprache
des Umgangs vergangener Zeiten noch lebet,
setzen mich vielleicht einstens in Stand, die
ganze Geschichte der deutschen Höflichkeitssprache ausführlicher vorzulegen.

Um den Anfang dieser merkwürdigen Veränderung in unserer Sprache zu finden, kehre

ich

ich in das funfzehente Jahrhundert zurück, wo,
wie ich oben schon bemerkt hatte, unsere
Sprache den Uebergang zu ihrer völligen Ausbildung zu thun anfieng. Blieb gleichwohl noch
mehr, als zwey Jahrhunderte durch noch viel
schwankendes in ihren Grundsätzen, viel rauhes in ihrem inneren Baue, viel unbiegsames
in ihrer Setzung und Wendung, und auch
Armuth in ihren Ausdrücken: so behauptete
sie dennoch diesen ihren alten Vorzug, daß sie
das Gepräg alter deutschen Offenherzigkeit und
Redlichkeit fast das ganze fünfzehnte Jahrhundert noch beybehielt. Das traute offenherzige
Du herrschte dazumal auch noch im Umgange
der Großen, und in der Hofsprache. Kaiser
Albrecht der zweyte schreibt noch in dem 1439.
Jahre an Dietrichen den Kurfürsten von Mainz
in der zweyten Person der einfachen Zahl. *)

Ehr.

---

*) Gudenius diplomat. &c. p. 522.

Ehrwürdiger lieber Neve und Kurfürst, Als dein Lib uns den ersamen Meister Helwigen Lehrer geistlicher Rechten in etlichen deinen anliegenden Sachen zu uns gesandt hast u. s. w.

Dies sind aber die letzten Spuren, wo ich das von der Natur der Sprache zur Anrede einer einzigen Person bestimmte Du in der Höflichkeitssprache noch finde.

Schon von Anfange des fünfzehenten Jahrhunderts war auch das vielfache Fürwort ihr in der Sprache der Grossen schon sehr gemein, wenn die Rede mit ihres Gleichen war; redeten sie aber mit ihrem Untergebenen; so bedienten sie sich noch der zweyten Person der einfachen Zahl: auch noch im Anfange des sechzehnten Jahrhundertes, i. d. J. 1525 schrieb Kurfürst Ludwig der fünfte von der Pfalz an

R 3   den

den sanften und friedliebenden Melanchthon,
um ihn zum Friedensstifter aufzufodern:

*) Unsern Grus zuvorn Ersamer lieber
Getrewer. Wir zweifeln nicht, Du
habest vernommen, und gut wissen,
daß die Aufrur und Empörung des
gemeinen Mannes gegen alle Obrig-
keit u. s. w.

Bey der oben angeführten Stelle aus dem
Briefe des Kaiser Albrechts aus dem fünfzehen=
ten Jahrhunderte kann ich nicht unberühret
lassen, daß auch schon dazumal Verkünstelung
den Ausdruck zu verunstalten anfieng. Obschon
die zweyte Person in dem Fürworte deinen
Geschäften, und dem Zeitworte hast gesandt
noch Platz findet: so stehet doch an Statt des
ausdrücklichen Du ein abgezogener Nebenbegriff,

*) Struvens pfälzische Kirchenhistorie. S. 19.

griff, dein Lib, an seiner Stelle, welches
man in der Folge mit Euer Liebden, Euer
Gnaden, Eure Herrlichkeit und andern dergleichen vertauschte, als im funfzehenten und
zum Theile auch sechzehenten Jahrhunderte die
zwente Person in der vielfachen Zahl ihr in
den Höflichkeitsausdrücken der grössern und
feinern Welt allgemein geworden war, von
welcher es sich ohne Zweifel auch auf den gemeinen Haufen wird verbreitet haben.

In dem sechzehenten Jahrhunderte gab der
übertriebene Höflichkeitsgeist unserer Sprache
eine neue Wendung. Die zwente Person der
vielfachen Zahl wurde nun von der dritten
Person der einfachen Zahl verdränget. Man
behielt zwar die oben gemeldeten abgezogenen
Nebenbegriffe bey, veränderte aber Eure in
seine, und sprach nun: Seine Gnaden wird
belieben, der Herr wird sehen, u. d. gl.

R 4   Diese

Diese Sprachwendung scheint auch dem natürlichen Gange der Sprache angemessener zu
seyn, als da man die zweyte Person mit einem
dritten Nebenbegriffe verband. Der Gebrauch
der dritten Person in der Anrede anderer blieb
das sechzehente Jahrhundert hindurch, und bis
gegen End des siebzehenten in ruhigem Besitze:
ja behauptet auch in unserem Jahrhunderte
noch seine Vorzüge, dennoch mit einiger Her-
absetzung, und gleichsam nur in der niedern
Höflichkeitssprache, oder im vertraulichen Umgange.

Gegen End des vorigen und mit dem Anfange des unserigen Jahrhundertes, nahm der
ausschweifende Höflichkeitsgeist der Deutschen
seinen höchsten Schwung, und schweifte weiter
aus, als es je eine der europäischen Nationen
gewagt hatte. Eine Verirrung und Abweich-
ung, welche nur gebohrenen Deutschen nun

um

um ſo weniger auffallend iſt, weil ſie uns
durch Erziehung und Angewohnheit ganz natürlich geworden zu ſeyn ſcheint; Ausländern
aber deſto ſonderbarer vorkommen muß, je-
mehr ſie ſich von aller Natur der Sprache,
und Aehnlichkeit mit andern Sprachen entfernet. Der Schritt war ſchon ſehr kühn, anſtatt der zweyten Perſon die dritte in der Anrede anderer zu ſetzen; allein darinn hatte der
Deutſche noch Vorgänger.

Aber nun dafür die dritte Perſon in der
vielfachen Zahl einzuführen, und anſtatt Er
Sie zu ſetzen, war eine Verwegenheit ohne
alles Beyſpiel. Dieſe Anrede mit Sie fing
ſchon an gegen End des vorigen Jahrhundertes bey Perſonen vom erſten Range gebräuch-
lich zu werden. Ein Beweis davon ſind mir
die gelehrten Briefe Martin Zeillers, welcher
ſchon in dem 1683ten Jahre an einen Frey-

herrn

Herrn auf folgende Weife fchrieb: *) Was
Eure Gnaden der Bücher halben an mich
begehren, das habe aus Dero Schreiben mit nirhrerem in Unterthänigkeit
vernommen. Sie werden, wann Sie
fo fort fahren, eine fchöne Bibliothek bekommen u. f. w. Hier muß ich nur vorüber-
gehend bemerken, daß die undeutfchen Ausdrücke Dero, Jhro auch um diefe Zeit fich
in unfere Sprache eingefchlichen haben, nicht
unwahrfcheinlich als Nachahmungen der ita-
liänifchen Fürwörter *voftro* und *loro*.

Nicht ohne Lachen kann man die fteifen
Wendungen und Krümmungen bemerken, welche der kriechende Höflichkeitsgeift machte, als
er fich gleichfam auf dem Scheidewege befand,
wo

---

*) Martin Zellers epiftolifche Schatzkammer. —
Seite 1.

wo man das Fürwort er mit jenem der vielfachen Zahl zu vertauschen anfing. Es fällt
diese Verwechslung in die zweyte Hälfte des
verflossenen und besonders in den Anfang des
gegenwärtigen Jahrhundertes. Ganze Briefe
kann man lesen, in welchen kein einziges Fürwort weder er noch Sie vorkömmt. Z. B.
des Herrn günstiges Schreiben habe ich erhalten, und daraus ersehen, daß der Herr das
Büchlein zurück begehre, welches ich von dem
Herrn geleihet habe, u. s. f. Um nur nicht
er zu setzen, welches schon zu gemein schien;
aber auch, um nicht zu viel zu vergeben, und
Sie zu gebrauchen, welches nur noch für die
fürnehmsten Personen bestimmt war, bequem-
te man sich lieber einsweilen zum steifsten Un-
sinne in der Sprache, bis endlich mit unserem anwachsenden Jahrhunderte die dritte Person in der vielfachen Zahl in der Höflichkeits-

sprache

ſprache ganz allgemein geworden iſt. Bey all
der Vervollkommerung, welche unſere Sprache
ſeit dieſen achtzig Jahren bekommen hat, wird
dieſes immer ein Fleckchen bleiben, welches
ihre natürliche Schönheit nicht wenig verun-
ſtalten wird.

Wichtiger ſcheint mir nun die Unterſuchung
zu ſeyn, wie dieſe ſo ſchiefen Redensarten in
unſerer Sprache Aufnahme finden, und darinn herrſchend werden konnten. Die Entwicklung dieſer Frage ſollte man aus der ver-
änderten Sinnesart der Nation hernehmen,
wenn anders Sprache das Bild unſerer Denkungsart iſt. In dem Charakter der Deutſchen
liegt aber ſo wenig Anlage dazu, daß man
vielmehr das Gegentheil ſchließen muß. Der
Deutſche iſt, wie man ſagt, gerade zu, offen,
treuherzig, und alſo mehr zur aufrichtigen und
unge-

ungeheuchelten als zu tückischen und verkünstelten Wendungen von Natur aufgelegt. Ein festgesetzter Ton, natürliche Stärke, edle obschon verwilderte Einfalt waren schon von Jahrhunderten her die Charakterzüge unserer Sprache. Dadurch hatte sie auch noch bey ihrer ungebildeten Rauheit einen entscheidenden Vorzug für den übrigen Sprachen Europens behauptet. Wenn je der Deutsche gegen die Hauptneigung seines Charakters sündigte: so war es da, wo er anfing zu verziert im äusserlichen Pracht zu werden. Allein dazu wurde er von Ausländern verführt: denn Nachahmungssucht war von je her der Lieblingsfehler des Deutschen.

Dieses führte mich auf die gegründete Muthmaßung, ob ich nicht auf die Quelle der verdorbenen Höflichkeitssprache in dem Hange

Aus-

Ausländer nachzuahmen suchen sollte. Vergleichungen mit anderen Sprachen, welche sich die Deutschen können zum Muster genommen haben, müssen uns die Sache in ein helleres Licht setzen.

Durchgehet man die Geschichte der Sprachen, welche am meisten ausgebildet waren; so wird man finden, daß Völker dann erst von der edlen Einfalt der Natur in ihren Ausdrücken abgewichen sind, als Stolz oder kriechende Schmeicheley ihrem sittlichen Gefühle und ihrer geraden Denkungsart eine schiefe Wendung gegeben haben. Die Griechen behaupten deswegen nur den unstrittigen Vorzug, die Lehrmeister des Schönen aller Nationen zu seyn, weil sie der Natur treu blieben. Edle Einfalt der Natur war das auszeichnende Gepräg ihrer Kunstwerke: und auch der

Adel

Adel ihrer Sprache, welcher dieselbe so lang
schmückte, als noch Freyheit oder zum wenigsten Schein der Freyheit ihre Ausdrücke und
Sprachwendungen noch nicht zur niederträch-
tigen Schmeicheley herabgestimmt hatte. In
den schönen Tagen des freyen Griechenlandes,
wo man sprach, wie man dachte; aber auch
nur dachte, wie Söhne und Lieblinge der Natur denken können; findet man keine Spur,
daß sie durch gezwungene Höflichkeitsausdrücke
den natürlichen Gang ihrer Sprache verunstaltet hätten. Es blieb allzeit noch so viel Gefühl des natürlichen Schönen auch unter den
ausgearteten Griechen, daß sie sich niemals
so weit von der ungezwungenen Einfalt ihrer
Sprache entfernet haben. Sie fingen zwar,
aber doch sehr spät, und durch das Beyspiel
der Römer verführet, an, von dem natürlichen Ausdrucke etwas abzuweichen, da sie

anstatt

anftatt der zweyten Perſon Du einen abge=
zogenen Nebenbegriff, als deine Hoheit, deine
Herrlichkeit ſetzten; aber dieſes dann erſt, als
ſie unter dem Drucke römiſcher Bottmäſigkeit
der Sklaverey gewöhnt nun nicht mehr als
Meiſter der ſchönen Künſte mit ihren Schü=
lern, ſondern als feile und gedungene Brod=
arbeiter mit ihren durch die Schätze der Welt
bereichtern Herrn ſprachen.

Schon zuvor hatten die Römer den Grund
zu dieſer Sprachverderbniß, welche nachma=
len alle Nationen Europens, wiewohl mit
gröſſerer oder kleinerer Verwüſtung, anſteckte,
auch in den ſchönſten Zeiten ihrer Sprache
gelegt. Dazumal wo Rom ſich als Beſie=
gerin der Welt brüſtete, berückte ein eitler
Stolz die edleren Glieder des Staates, der
ihre Köpfe ſo ſchwindelnd machte, das der
                                        unge=

ungeheure kolossalische Staatskörper das Ueber-
gewicht verlor, und beynahe in Bürgerblut
versenkt, und unter seinen eigenen Trümmern
begraben vernichtet worden wäre. Dieser
Stolz blehte die obrigkeitlichen Personen mehr
als andere auf.

War auch die Dauer ihrer Herrschaft
nur von einem Jahre; so schmeichelte es doch
ihrer weit umfassenden Grösse ungemein,
ganze Völkerschaften zu ihren Füßen und
Könige unter ihren Klienten zu sehen.

Gewiß ist es nun, daß in den Begriffen
der Mehrheit auch die dunkeln Begriffe von
grösserer Macht, grösserem Ansehen, und meh-
rern Kräften liegt. Das Gefühl der Grösse,
der Obermacht, und der in einer Person ver-
einigten Kräften des ganzen Staates machte,
daß sich eine obrigkeitliche Person nun nicht

S   mehr

mehr als eine Perſon betrachtete, und von ſich
nun auch nicht mehr in der einfachen, ſondern
vielfachen Zahl ſprach. Daher kams, daſ
ſelbſt Cicero, der ſo republikaniſch denkende
Cicero, ganz durchdrungen von dem Gefühle
der Menge ſeiner Kräfte, nicht nur in der
Amtsſprache als Konſul oder Konſular, ſondern auch ſelbſt in dem vertrauten Umgange
ſich des wir anſtatt ich bediente. Seine
freundſchaftlichen Briefe liefern uns häufige
Beyſpiele davon.

Schon darinn müſſen wir den Urſprung
ſuchen, daß auch izt alle Fürſten Europens in
ihren Befehlen und Verordnungen mit der
vielfachen Zahl ſprechen. In dem Begriffe
der Mehrheit liegt auch der Begriff ihrer weit
ausgedehnten Macht; ſie ſehen in ſich das
Bild des ganzen Volkes, in deſſen Namen ſie

in

in der Zahl der Mehrheit sprechen, und auch
die Unterthanen sie in der vielfachen Zahl an-
reden. Muſte ſich aber dieſes auch auf Herrn
erſtrecken, die nicht einmal Diener haben?

Wir müſſen den Römern in dieſem Stücke
Gerechtigkeit wiederfahren laſſen. So weit
als wir ſind ſie nie in ihren übertriebenen Ausdrücken weder durch Stolz geſtiegen, noch
durch Schmeicheley herabgeſunken. Wir finden
zwar im Sueton, Tacitus und Plinius, daß
ſie durch den Gebrauch der abgezogenen Nebenbegriffe (eine Erfindung der Schmeicheley) ihrer Sprache eine ſteife Wendung gegeben haben: es blieb aber dennoch auch da,
wo die alte Städtlichkeit *urbanitas* mit der
Freyheit Roms ausgewandert, und dafür die
in ihrer Sprache unnennbare Höflichkeit eingeſchlichen war, noch der ungezwungene Aus-
S 2 druck

druck im Gebrauche der Person Du. Die
schönsten Beyspiele davon sind uns die Briefe
des Plinius an seinen grossen Kaiser Trajan.
Der feinste Ton der artigen Welt vereinigt
sich da mit so vieler ungekünstelten Offenherzigkeit und Natur im Ausdrucke, als wir itzt
kaum mit unserem innigsten Busenfreunde zu
sprechen pflegen.

Ich will mich nicht in die düsteren Zeiten
der Barbarey hineinwagen, um einiges Licht
zur Erläuterung meiner Untersuchung herzu-
holen. Wir wollen in die hellere Zeiten vor-
schreiten. Da wo nach beynahe tausend Jahren
sich die aufklärenden Strahlen wieder über
Italien zu verbreiten anfingen, erschien auch
bald die Sprache in neuem Glanze; doch nicht
mehr in jenem einfachen Gewande der alten
Römer, sondern durch einen gothischen Zu-

schnitt

schnitt verstümmelt und allzuverziert. Nebst
dem ganz umgestalten innern festen Baue der
Sprache und zerstörten männlichen und mehr
gesetzten Harmonie verhunzte der Italiener
auch seine Sprache noch dadurch, daß er in
der Anrede anderer die dritte Person der einfachen Zahl wählte. Der Deutsche ließ sich
verführen und ahmte den Italiener gar bald
nach. Der vertraute Umgang und Handel
mit demselben, der Schimmer der aufgehen-
den Wissenschaften, die Staatsverfassung,
welche das deutsche Reich dazumal noch mehr
mit Italien verband, die öftern Kriege und
Züge der Deutschen in Italien machten die
wälsche Sprache bald zu der Sprache der
deutschen Höfe und des edlen Theils der Nation. War es Wunder, wenn sich die fremd-
en Sprachwendungen aus Begierde, auch in
der Muttersprache artig und höflich zu sprechen,

S 3   in

in der unserigen verbreitet haben. Daher
mag es gekommen seyn, daß in dem sechzehenten bis zum Ausgange des siebzehenten Jahrhundertes die dritte Person der einfachen Zahl
in der deutschen Höflichkeitssprache allgemein
geworden war.

In diesem Stücke äffte also der Deutsche
dem Italiener nach. Aber da er dafür die
dritte Person der vielfachen Zahl wählte, scheint
es nun nicht mehr Nachahmung sondern ganz
original zu sein: denn keine der todten noch
lebenden Sprachen ist ihm Muster. — Doch
auch da behaupte ich, daß der Deutsche durch
Nachahmungssucht seine Sprache verunstaltet
habe; und das zwar durch eine nicht einfache
sondern zusammengesetzte Nachahmung. Von
dem Italiener hatte der Deutsche schon die
dritte Person der einfachen Zahl in der Anrede

rede anderer aufgenommen, von den Franzosen entlehnte er nun die vielfache Zahl. In dem vorigen Jahrhunderte, in dem schönen Ludwigischen Zeitalter, wo die französische Nation den Ton in der schönen Welt gab, und sie und ihre Sprache den nur zu leichten Zugang an den Höfen Deutschlands fanden, was war da natürlicher, als daß der Deutsche der so gerne nachahmt, auch in den Höflichkeitsausdrücken seinen überrheinischen Nachbarn nichts nachgeben wollte. Doch gleich die zweyte Person der vielfachen Zahl nach Art der Franzosen wieder in die deutsche Sprache einzuführen, würde zu auffallend gewesen seyn. Die dritte Person war schon durch hundertjährigen Gebrauch in zu langem Besitze, als daß sich der deutsche Mund so geschwind zum ganz entgegengesetzten gewöhnen könnte. Was that man in dieser Verlegenheit? Man lies die

dritte

dritte Person im Besitze, nahm aber dennoch,
um nicht unhöflicher als ein Franzos zu seyn,
zum wenigsten die vielfache Zahl von ihm an.
Hat Nachbarschaft, Umgang, Vermischung
mit andern Nationen ganze Sprachen bis zum
unkennbaren umbilden können: wie leicht war
es nicht, daß die unserige einen falschen Anstrich eingebildeter Höflichkeit durch eine be-
nachbarte Sprache bekam, die zugleich noch
wegen dem Ruhme ihrer Feinheit und Artigkeit in die Mitte des schönern und grössern
Theiles der deutschen Nation verpflanzet war.

So viel nun unsere Sprache in den achtzig Jahren des laufenden Jahrhundertes an
Richtigkeit, Wohlklang und Reichthum gewonnen hat, so viel hat sie gewiß auch an
ihrem ungezwungenen Gange, an natürlicher
Stärke, und an dem einfachen ihres innern
Baues

Baues durch ihre Höflichkeitsausdrücke verloren. Ein Kunstwerk der Baukunst, oder jeder andern Art, das durch einen gezwungenen
steifen Stil, durch Verkünstlung oder über-
häufte Verzierungen des äussern Prachtes in
das Aug fällt, darf nur auf die Bewunderung des geschmacklosen Halbkenners Anspruch
machen; das geübtere Aug und feinere Gefühl wird Natur, edle Einfalt, und das
flüchtige ungezwungene Wesen vermissen, welches die Grundlinien alles Schönen sind. Was
aber von Kunstwerken im Reiche der schönen
Wissenschaften gilt; dies läßt sich auf jeden
Gedanken und Ausdruck, Geberde und Handlung, Charakter und Sprache eines ganzen
Volkes anwenden. Wir nennen dann ein
Kunstwerk natürlich, wenn alles in seinen
Theilen zweckmäßig, alles so einfach und ungezwungen ist, daß weder Mangel noch Ueber-

S 5   fluß

fluß darinn Platz hat; und aus gleicher Ursache wird eine Sprache auch dann nur natürlich schön seyn, wenn alles darinn so überein-
stimmend, vollkommen, und auf das beste
zusammenhängend ist, wie es die Natur selbst
gemacht hätte; alle jene Wendungen aber
und Krümmungen, welche von dem natürlichen Sprachgange abweichen, verbannt sind.
Wenn aber im äusserlichen des Ausdruckes
die Einfalt dem Gezwungenen, die Offenherzigkeit der Verstellung, die Zärtlichkeit der
kaltsinnigen Höflichkeit hat weichen müssen:
so ist auch gewiß die Sprache von ihrer er=
sten Bestimmung und Anlage der Natur,
also auch von der ersten Haupteigenschaft des
Schönen abgewichen, sie hat Kraft, und nerv-
envolle Stärke im Ausdrucke verloren, sie ist
vom männlichen festgesetzten Tone zur faseln-
den Tändeley herabgestimmet.

Auch

Auch dadurch würde der Deutsche noch wenig verloren haben, wenn nur der natürliche und vernunftmäßige Bau seiner Sprache dabey gelitten hätte, und nicht auf die alte deutsche Sitte durch einen falschen Anstrich von Höflichkeit verunstaltet worden wäre. Das Gezwungene in der Sprache ist der Widerhall des schiefen und verdrehten in der Denkungsart; es ist der Ausdruck des gezwungenen steifen Charakters, den die Ausländer so oft am Deutschen tadeln, und darüber das Lob der alten geraden Offenherzigkeit vergessen, welches einer der Hauptzüge in dem Charakter unserer Vorältern war.

Nur in den ländlichen Gegenden, welche weit von der ansteckenden Höflichkeitssucht der Städte entfernt sind; nur da finden wir noch die Ueberbleibsel des natürlichen Ausdruckes,

der

der alten deutschen Offenherzigkeit, wo der
Vater mit dem Kinde, und das Kind mit
dem Vater so ungekünstelt die Sprache der
Natur spricht, als einfach und unverfälscht
ihre Sitten sind. Auch mitten in der verfei=
nerten Welt siegt oft noch die Natur über den
steifen Zwang. Da, wo geheiligte Liebe zwey
Herzen in unauflösliche Bande verknüpft hat;
oder wo durch edlere Freundschaft zwey gleich=
gestimmte Seelen in eine zusammenfliesen,
und entfernt von allem Zwange sprechen: wie
theilnehmend, offen und ungezwungen fließt
da nicht das traute Du von gegenseitigen Lip=
pen? Der Busenfreund kennt nur die Sprache
der Natur, die Sprache des unverdorbenen
Herzens, der aufrichtigsten und redlichsten
Sinnesart. So verewigt Liebe und Freund=
schaft in ihrer vertrauten Sprache den unge=
zwungenen Ton der Natur, welcher in der

Sprache

Sprache des gemeinen Umganges vielleicht un-
wiederbringlich für uns Deutsche verloren ist.
Denn es wäre widersinnig, dieser herrschenden
Höflichkeitssprache eine Fehde ankündigen, und
sie aus ihrem Besitze vertreiben zu wollen;
eben so widersinnig, als wenn es einem einfallen wollte, gegen den verkünstelten hohen
Hauptschmuck des Frauenzimmers oder die
Haarlocken und Haarbeutel der Herren zu predigen, um sie zum einfachen ungezwungenen
Putze der Natur zurückzuführen: so gewiß und
ausgemacht es auch ist, daß das einfache
Band nachläßig um das Haupt der Arsinoe
geschlungen, nnd die herabrollenden Haarlock-
en des olympischen Jupiters oder am Haupte
des Vatikanischen Apolls die vollkommensten
Muster natürlicher Schönheit sind. Der herrschende Gebrauch hat sich von je her im Ge-
biete des Geschmackes eine entscheidende
Stimme

Stimme errungen. Im Reiche der Sprache
ist er, was der Monarch auf dem Throne:
er giebt Gesetze, schaft sie wieder ab, und
führt andere dafür ein. Ja die Herrschaft
des Sprachgebrauches artet oft in Despotie
aus; seine Gesetze sind meistens willkührlich;
streiten oft wieder alle Vernunft. Der kurz-
sichtige Pöbel biegt seinen Nacken blindlings
unter das Joch, da unterdessen der Vernünftige
nichts thun kann, als seufzen, und die Fesseln geduldig tragen, die er nicht abschütteln
kann. Können wir uns nun gleichwohl gegen die Tiranney dieses Sprachgebrauches nicht
empören: weil er durch allgemeine Annahme
die Uebermacht gewonnen hat; müssen wir
aber auch gleichgültig zusehen, wenn er das
Gebiet seiner gefühllosen Herrschaft täglich
weiter ausdehnt? wenn er uns die Fessel seiner Sklaverey immer enger zuziehet, daß wir

endlich

endlich alle natürliche Freyheit unserer Sprache
verlieren?

Ich will aus einer Menge solcher Sprache
verderbenden Ausdrücke, welche der unter unserer Nation fortschleichende Höflichkeitsgeist
noch täglich ausbrütet, und mehr verbreitet,
nur einige anführen. Wie oft hören wir
nicht in der Höflichkeitssprache: ich bitte Ihnen;
ich versichere Ihnen; wo es doch nach den
natürlichen Sprachgesetzen, 'ich bitte Sie,
versichere Sie., heißen sollte. — Was ist
widernatürlicher, als auch ausser der Anrede
ein Hauptwort mit der dritten Person der
vielfachen Zahl zu setzen? und dennoch wird
es seit zehen, fünfzehen Jahren sehr gebräuch-
lich. Ja wir können es täglich von Bedienten hören, wenn sie von ihrer Herrschaft auch
in derselben Abwesenheit sprechen: Sind der
Herr

Herr Rath zu zu Hauſe geweſen; haben es
der Papa geſagt: — Und wenn wir mit Perſonen von Stande reden, was für Behut-
ſamkeit fodern da nicht die neueſten Geſetze
der Höflichkeitsſprache? Sie wollen die Fürwörter Sie, Ihnen, faſt nicht mehr im Gebrauche laſſen, ſondern allzeit den Ehrentitel
wiederholet wiſſen: wie gezwungen, wie ſteif
klingt es nicht: die gnädige Frau haben es
zu befehlen geruhet, als ich geſtern die Gnade
hatte der gnädigen Frau aufzuwarten —
und ſo in tauſend andern.

Sollten da nicht alle, welche ſich einiges
Verdienſt um die Mutterſprache machen wollen,
mit geſammten Kräften entgegenſetzen? Sollt-
en nicht Sprachkenner und Schriftſteller zum
wenigſten dem ferneren Verderbniſſe Schranken
ſetzen, und wenn ſie gleich dem herrſchenden

Sprach-

Sprachgebrauche nicht grad entgegen arbeiten können : doch, so viel möglich, was
noch natürlich und einfach im Baue unserer Sprache ist, erhalten, und das schwan-
kende wieder herstellen?

Man wird einstens in der Geschichte
unseres Volkes den grossen Bemühungen unseres Jahrhunderts wegen Vervollkommnung
der Muttersprache Denkmäler errichten;
man wird großmüthige Unterstützung er-
leuchter Fürsten, vereinigte Arbeiten ganzer
Gesellschaften, einzelne Bestrebungen thätiger
Männer zu diesem gemeinnützigen Zwecke
unter den edelsten Handlungen unserer Zeiten anpreisen; man wird es vielleicht un-
serm Jahrhunderte zur grössern Ehre, als
itzt noch Neid oder Vorurtheile gestatten,
anrechnen, daß man sich so sehr bestrebet

hat

hat eine deutſche Rechtſchreibung zu erfin-
den, welche ganz philoſophiſch und nach der
Vernunft iſt. Wird es aber auch nicht ein ewiger
Schandflecken für die Sprache unſeres Jahrhunderts bleiben , daß ſie ungeachtet ihrer
feinſten Ausbildung, doch eine ſolche Sprach-
fügung angenommen hat ; die wider alle
Philoſophie der Sprachen iſt, wo man nicht
ſpricht, wie es dem Gegenſtande, dem Bilde unſerer Gedanken angemeſſen iſt ?